# EL LIBRO COMPLETO DE LOS CHAKRAS

LIZ SIMPSON

UN ORIGINAL DE GAIA

Los libros de Gaia celebran la visión de Gaia, la Tierra viva y que se autoabastece, y pretenden ayudar a sus lectores a vivir en una mayor armonía personal y planetaria.


| | |
|---|---|
| Edición de | Godfrey Wood |
| Diseño | Sara Mathews |
| Ilustrador | Mark Preston |
| Editor gerente | Pip Morgan |
| Producción | Lyn Kirby |
| Dirección | Patrick Nugent |


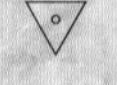

DEDICATORIA

A MARTINE, POR HACER EL VIAJE CONMIGO


Primera edición: enero, 1999
Tercera edición: septiembre, 2002





Publicado por vez primera en el Reino Unido en 1999 por Gaia Books Ltd., 66 Charlotte Street, Londres W1P 1LR y 20 High Street, Stroud Gloucestershire GL5 1AZ

Título original: *The Book of Chakra Healing*

Traducción: Rafael Lasaleta
Fotocomposición: Versal (Madrid)

De la presente edición española:
© GAIA Ediciones 1999
Alquimia, 6
28935 Móstoles (Madrid) - ESPAÑA
Tels.: 91 617 08 67 - 91 614 58 49
Fax: 91 618 40 12
e-mail: alfaomega@sew.es - www.alfaomegadistribucion.com

I.S.B.N.: 84-88242-83-2

Erich Fromm El Arte de amar $ 28.25
El Amor a la vida
El miedo de la libertad
La Condición humana actual
El arte de escuchar
Del tener al ser

# El libro completo de los Chakras

# UNA NOTA DE LA AUTORA

Los chakras son vórtices metafísicos de energía giratoria cuyo origen está en el antiguo sistema curativo indio, que los sitúa en siete centros importantes a lo largo del cuerpo, desde donde controlan la fluencia de las energías sutiles. Simbolizan la conexión entre lo físico y lo espiritual, y coinciden con el sistema endocrino del cuerpo. Cuando están en equilibrio, los siete chakras principales ayudan a las diversas partes del cuerpo a funcionar perfectamente. Pero si están en desequilibrio, son disfuncionales o están «bloqueados», se pueden manifestar diversos problemas mentales, emocionales y fisiológicos.

En este libro te invito a embarcarte en un viaje de autodescubrimiento, en el que trabajarás tus chakras y aprenderás a equilibrar el sistema de energía sutil, así como la manera de concentrarte para recuperar tu estado físico, mental, emocional y espiritual óptimo. El libro ofrece una amplia gama de modos prácticos de trabajar los chakras –individualmente o como sistema interrelacionado–, mediante colores, arquetipos, creación de altares, ejercicios físicos, trabajo con cristales, meditaciones, visualizaciones, preguntas y afirmaciones diarias. Es una guía de referencia del sistema de los chakras que te será de utilidad toda la vida, pues describe, en relación con cada uno de ellos, el significado de los colores, elementos clave, sentidos, palabras, conexiones glandulares, funciones y disfunciones mentales.

Trabajar los chakras es una manera totalmente distinta de contemplar la vida y explorar el ser. ¡Disfrútalo!

Liz Simpson

Liz Simpson, junio de 1998

# Contenido

# PREFACIO

En las últimas décadas se ha producido una explosión del interés por la medicina complementaria, lo que nos ha conducido a una comprensión más profunda de cómo funciona el cuerpo y cómo la energía fluye por él. Al mismo tiempo, hemos desarrollado una conciencia mayor de la existencia de un sistema de energía más sutil: el sistema de los chakras. Es como descubrir una parte de la anatomía que no sabíamos que existiera, pero que podemos utilizar para mejorar nuestra salud y bienestar.

Los yoguis han utilizado el sistema de los chakras durante miles de años como parte integrante de la sanación global; sabían que la enfermedad de una persona suele manifestarse primero en los chakras, antes de hacerlo en el cuerpo, la mente y las emociones. Además, sabían que nadie podía curarse completamente mientras el sistema de chakras estuviera desequilibrado. Pero incluso hoy, con frecuencia sólo un yogui avanzado, un sanador o un «sensitivo» son capaces de «ver» un bloqueo en un chakra particular. Sin embargo, al entender de qué manera afecta cada chakra a una emoción o función corporal determinadas, podemos identificar dónde está funcionando mal un chakra. Mientras que la información sobre el cuerpo, la mente y las emociones se ha presentado ya en numerosos libros, por lo que el acceso a esa información es sencillo, los chakras no se habían presentado de una manera sencilla que permitiera a la gente utilizar este sistema para mejorar su proceso curativo.

En este nuevo libro, Liz Simpson ha conseguido abordar este complejo tema, proclive al exceso de vaguedades que con frecuencia sólo entendían adecuadamente los yoguis y sanadores, y lo ha simplificado, sin diluir por ello el poder de los chakras de curar y reponer nuestra vida. El uso brillante que hace del color a través del medio visual da vida a los chakras, inspira y mejora nuestro conocimiento del tema. Sólo desde la comprensión puede iniciarse la sanación auténtica, por eso nos da Liz métodos prácticos con los que podemos equilibrar nuestro sistema de chakras.

El presente libro será muy beneficioso tanto para los profesionales de la salud como para las personas profanas, e inspirará a muchos a explorar y desarrollar su relación con algo que forma parte integrante de su ser: los chakras.

Teresa Hale

Teresa Hale, fundadora de la Hale Clinic de Londres.

# INTRODUCCIÓN

Es posible que muchas personas conozcan la palabra «chakra» no por medio de una terapia alternativa o de libros sobre los enfoques orientales a nuestro bienestar, sino por una fuente inesperada. En la película de James Bond, *Tomorrow Never Dies*, hay una escena en la que el héroe se enfrenta a un ataque con un antiguo conjunto de «cuchillos chakras». Según le explica su adversario, se trata de herramientas de tortura con las que se pueden extraer ciertos órganos vitales de un enemigo y mantenerlo con vida. Es un hecho desafortunado que el concepto de «chakras», que como vas a descubrir es tan importante para nuestra salud y bienestar, haya estado relacionado con una costumbre tan bárbara. De esta escena se extrae la impresión de que los chakras pueden detectarse físicamente en el cuerpo, lo que no es cierto. Aunque cada chakra está estrechamente relacionado con un órgano determinado o con una glándula endocrina específica, estos vórtices giratorios de la energía forman parte de un sistema de energía sutil que constituye la base de un antiguo enfoque indio para la curación de nuestro ser físico, mental, emocional y espiritual.

La palabra «chakra» procede del sánscrito y significa «rueda» o «disco». Tradicionalmente, estos moderadores de la energía sutil se representan como flores de loto, cada una de las cuales resuena en una frecuencia diferente que se corresponde con uno de los colores del arco iris. Aunque se dice que el sistema de energía humano tiene muchos chakras, y continuamente se están «descubriendo» otros nuevos, el sistema hindú tradicional sólo nombra siete. Se encuentran situados, con los tallos de cada flor de loto metafísicamente «incrustados» en la columna vertebral o *sushumna*,

desde el coxis hasta la coronilla, en la cabeza. El sistema de chakras se ha convertido en una explicación rica y valiosa de la naturaleza global de la humanidad. Describe que, para mantener una vida equilibrada y saludable, no sólo debemos prestar atención a determinadas disfunciones físicas que puedan producirse, sino también a nuestras necesidades emocionales, intelectuales y espirituales. Cada uno de los siete chakras hace referencia a partes diferentes del cuadro más amplio y nos dirige hacia aquellas zonas que podrían estar funcionando en un estado de desequilibrio.

Conforme amanece una conciencia diferente en los albores de un nuevo milenio, por fin estamos traspasando los confines de un enfoque de la vida puramente científico, para aceptar conceptos que ya fueron abrazados por nuestros antepasados, hace muchos miles de años. Resulta interesante que muchos científicos que se habían desilusionado ante las explicaciones ortodoxas, –y la arrogancia de una ortodoxia que, cuando no puede explicar un fenómeno, lo rechaza como caprichoso e inexistente– estén utilizando los métodos científicos para explicar y demostrar muchas de las anomalías de la vida. Exploramos algunos de estos nuevos avances en el primer capítulo (consultar p. 12), en donde examinamos cómo el «aura» humana, representada en los dibujos antiguos como unos haces de luz blanca o dorada que rodean el cuerpo de los santos o los místicos, es simplemente una forma vibratoria de la energía que, hasta fechas recientes, no se podía registrar con instrumentos científicos. Nuestros antepasados, de mentalidad más abierta ante aquellas cosas que no podían ver y mucho menos explicar, no necesitaban de esa tecnología, pues estamos ya equipados con un sensor interno de esa energía electromagnética: nuestras manos. Para recorrer juntos los chakras, sólo necesitamos prepararnos de una manera similar: sobre todo manteniendo abierta nuestra mente. Lo que en otro tiempo dimos por supuesto que era materia sólida y considerábamos que estaba compuesta por átomos que eran como «bolas de billar», según los físicos cuánticos, es simplemente un 99,9999 por 100 de espacio vacío lleno de energía. El hecho de que no podamos detectar físicamente nuestros chakras o el aura se puede explicar así: funcionan como campos de energía que vibran a una tasa que normalmente el cerebro y el ojo humano no pueden detectar. Conforme vayamos progresando juntos en este viaje, y apreciemos los beneficios reales que se derivan de equilibrar nuestro sistema de energía humano, aprenderemos a descartar la necesidad de pruebas materiales de su existencia, pues la experiencia personal y la mejora de nuestro bienestar serán prueba suficiente.

Los orígenes del sistema de siete chakras se ocultan en las raíces de la cultura hindú. Se dice que el término «chakra» se menciona por primera vez en los *Vedas*, los cuatro libros sagrados de los hindúes que se cree fueron redactados en una fecha anterior al año 2500 a. C., en los que el dios Vishnu es descrito en el momento de descender a la Tierra llevando en sus cuatro brazos un chakra, una flor de loto, un mazo y una concha. Sin embargo, desde los tiempos de las sociedades anteriores a los *Vedas*, en los que los místicos y los yoguis transmitían su conocimiento mediante la palabra hablada en lugar de la escrita, se tenía ya la noción de los siete «mapas de la conciencia» que mejoraban el bienestar, por lo que el origen es muy anterior.

¿Por qué vamos a querer utilizar un sistema que tiene sus raíces en unos tiempos tan antiguos? ¿Qué importancia tiene para la vida en nuestra época? Al igual que otras prácticas antiguas, el sistema de chakras ofrece una visión completa de la experiencia humana. Integra la tendencia natural al equilibrio en las numerosas capas que componen el ser: la física, la mental, la emocional y la espiritual. La sanación por los chakras se basa en la creencia de que, para que alcancemos un bienestar total, debemos actuar como una totalidad integrada. En el primer capítulo aprenderemos que los chakras funcionan como válvulas interconectadas, que se abren por sí solas, que pueden canalizar al cuerpo la «corriente eléctrica» de la fuerza vital universal. Cuando se da una disfunción o bloqueo en una parte del sistema, se produce un impacto en el resto de sus partes. Ese mal funcionamiento se puede producir cuando la energía que fluye por los chakras es excesiva o insuficiente. Este libro te ayudará a reconocer cómo se relacionan esos bloqueos o disfunciones con cualquier otro problema que puedas estar experimentando, así como de qué manera, utilizando alguna o todas las técnicas descritas en los capítulos siguientes, puedes transformar y mejorar todos los aspectos de tu vida.

# El ESPÍRITU DE LA ENERGÍA

Aunque anatómicamente no pueden detectarse, los siete chakras mayores están metafísicamente relacionados con una serie de diferentes sistemas del cuerpo físico. En este capítulo exploraremos de qué manera los chakras tienden un puente entre el ser visible y físico –en forma de médula espinal, el sistema nervioso autónomo y el sistema endocrino– y nuestro cuerpo «sutil», esa envoltura de energía vibratoria a la que damos el nombre de «aura». Aunque la medicina ortodoxa describe nuestro sistema físico en términos químicos, ahora entendemos que, para que tenga lugar cualquier acción química, debe producirse un cambio en la energía electromagnética del cuerpo. Esta energía emana de la «mente» y explica la importancia de la relación mente-cuerpo para nuestra salud física, emocional y mental. El antiguo paradigma científico que relacionaba la salud con términos puramente «visibles» está siendo sustituido por una apreciación de esas «verdades» que en otro tiempo sólo aceptaban los místicos: que los pensamientos y la mente preceden a la materia física y la afectan. Al fin y al cabo, ¿qué es el pensamiento sino una forma de energía?

## EL SISTEMA ENDOCRINO

Este sistema es uno de los principales mecanismos de control físico del cuerpo. Está compuesto por un número de glándulas que son responsables de la producción de las numerosas sustancias químicas naturales a las que damos el nombre de hormonas. Esos mensajeros químicos, entre los que se incluyen la adrenalina, la insulina, los estrógenos y la progesterona, son excretados a la corriente sanguínea desde determinados órganos del cuerpo con el objetivo de estimular o

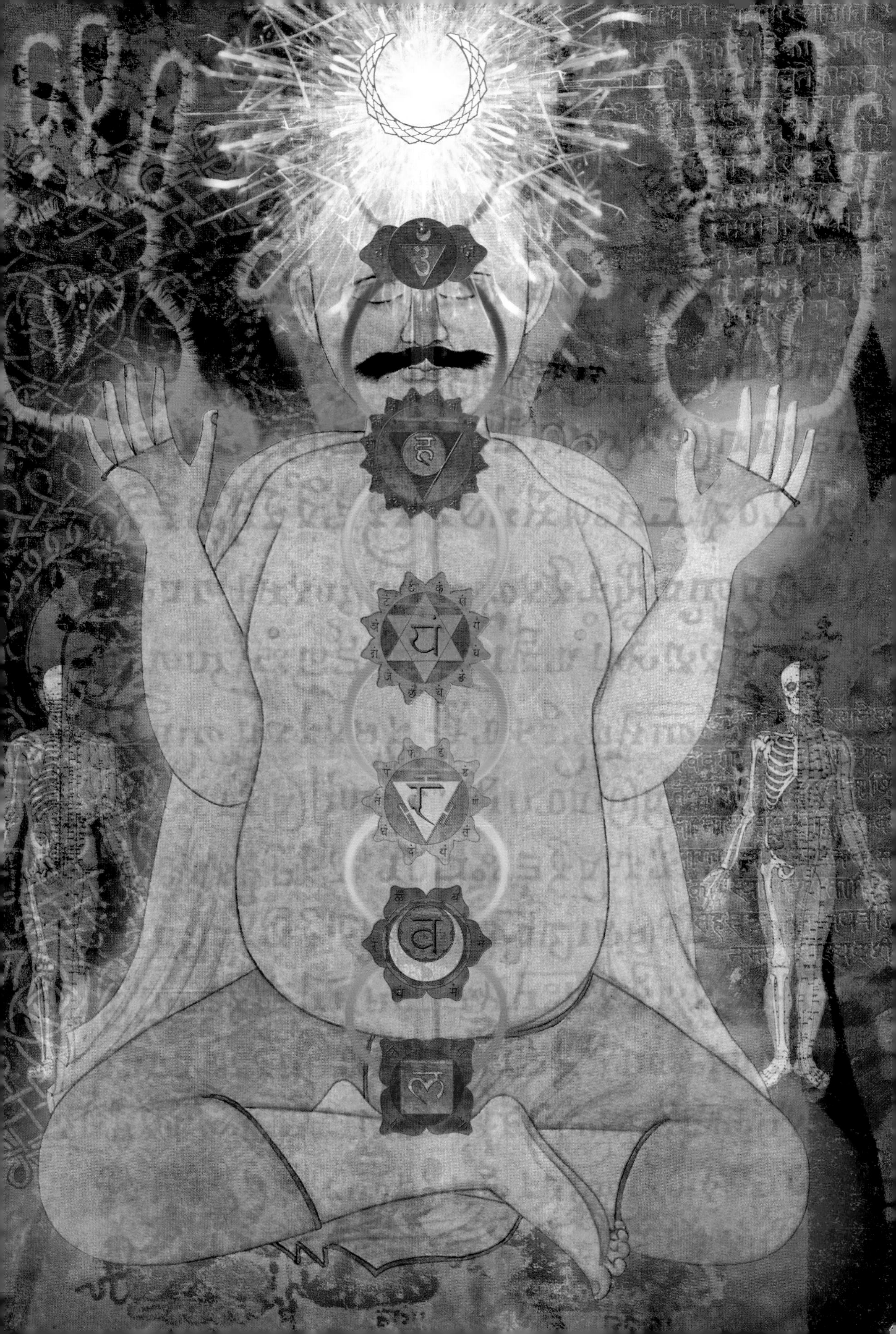

inhibir ciertos procesos físicos. El sistema endocrino, junto con el sistema nervioso autónomo, ayuda a mantener los parámetros necesarios para una salud óptima, ajustando los niveles de la secreción hormonal para que satisfaga unas demandas específicas. De la misma manera que un desequilibrio en un chakra afecta a los demás, los sistemas nervioso y endocrino están funcionalmente interconectados, por lo que cualquier perturbación en una parte producirá disfunciones en las demás. Para obtener una mejor comprensión de cómo se vincula el sistema endocrino con los chakras, examinémoslos por parejas.

## SUPRARRENALES – CHAKRA DE LA RAÍZ (1.º)

Las suprarrenales son unas glándulas de forma triangular que están encima de cada uno de los riñones. Secretan una variedad de hormonas entre las que se incluyen las que regulan el metabolismo corporal de las grasas, proteínas y carbohidratos, además de controlar el equilibrio de la sal en los líquidos corporales. Estas glándulas producen también la adrenalina, la hormona esencial de nuestra primitiva respuesta psicológica de «lucha o huye», por lo que podemos determinar la vinculación existente entre esta glándula y el chakra de la raíz con la cuestión de la supervivencia física.

## OVARIOS/TESTÍCULOS – CHAKRA DEL SACRO (2.º)

Las glándulas reproductoras masculina y femenina, o gónadas, producen las hormonas responsables del desarrollo de las características sexuales secundarias, como la profundidad de la voz y la cantidad de vello corporal. Los testículos y ovarios controlan el desarrollo sexual individual y su madurez, así

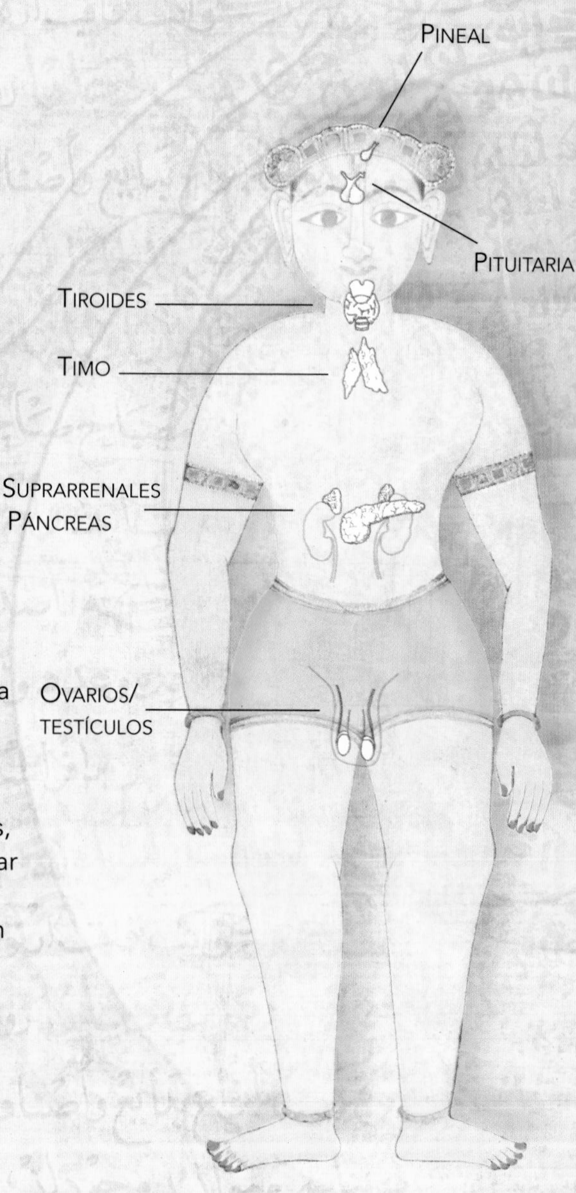


EL SISTEMA ENDOCRINO
**La posición de los siete chakras coincide aproximadamente con la de las glándulas del sistema endocrino.**

como la producción de esperma en los hombres y de óvulos en las mujeres. Nuestra relación con nuestra propia sexualidad y las cuestiones de equilibrio emocional con ella relacionadas están asociadas con este chakra.

### Páncreas – Chakra del plexo solar (3.º)

El páncreas se encuentra detrás del estómago y secreta una variedad de sustancias esenciales para la digestión eficaz de los alimentos. Además, produce insulina, que ayuda a controlar el nivel de azúcar en la sangre.

Una de las disfunciones físicas de este chakra es la diabetes, una enfermedad causada por el exceso de azúcar en la corriente sanguínea. Hay otra vinculación entre el plexo solar y la adrenalina, que es la razón de que experimentemos un cosquilleo en el estómago cuando sentimos miedo. Las partes corporales asociadas al plexo solar incluyen el sistema digestivo, por lo que otra disfunción de este chakra son las úlceras estomacales.

### Timo – Chakra del corazón (4.º)

Situado justo debajo del corazón, el timo produce hormonas que estimulan el crecimiento general, sobre todo en las primeras fases de la vida. Causa también un efecto purificador del cuerpo al estimular la producción de los linfocitos, que forman parte del sistema defensivo de glóbulos blancos de la sangre, pues atacan a los organismos invasores y proporcionan inmunidad. Los científicos reconocen ahora que las enfermedades autoinmunológicas, en las que el sistema inmunológico ataca a sus propias proteínas confundiéndolas con una sustancia extraña, tienen una relación emocional y no se deben simplemente a causas físicas o ambientales.

### Tiroides/Paratiroides – Chakra de la garganta (5.º)

La glándula tiroides, situada a ambos lados de la laringe y la tráquea, en el cuello, fabrica la tiroxina, que controla la tasa metabólica corporal; es decir, la eficacia con la que el cuerpo convierte el alimento en energía. Detrás están las glándulas paratiroides, que controlan el nivel del calcio en la corriente sanguínea. Además del crecimiento físico, se cree que estas glándulas afectan también al desarrollo mental. El chakra de la garganta, vinculado con todas las formas de comunicación, se corresponde con la necesidad de equilibrio entre el enfoque racional del cerebro y la expresión emocional del corazón.

### Pituitaria – Chakra del tercer ojo (6.º)

La glándula pituitaria está situada dentro de una estructura que se encuentra en la base del cráneo, cerca del entrecejo. Llamada en otro tiempo la «glándula maestra» del sistema endocrino, se ha descubierto después que está controlada por las sustancias hormonales liberadas por el hipotálamo, que es una parte del cerebro. Esta glándula vital influye en el crecimiento, el metabolismo y la química corporal general. También está asociada a la hormona que produce las contracciones durante el parto y libera la leche de los pechos en la lactancia. Resulta interesante observar esta conexión de la glándula pituitaria y del chakra del tercer ojo con el nacimiento y la maternidad, en una época en la que muchas mujeres sienten que su intuición, particularmente con respecto a sus hijos, alcanza en esa fase su punto culminante.

### Pineal - Chakra de la corona (7.º)

La conexión glandular del chakra de la corona es la glándula pineal, un corpúsculo del tamaño de un guisante que está en el interior del cerebro y que, en otro tiempo, se pensaba que no tenía ningún propósito útil. En el siglo XVII, el filósofo francés René Descartes pensaba que era la sede del alma, pero recientes investigaciones científicas han vinculado esta glándula con la producción de la melatonina, y creen que regula nuestro «reloj corporal» interno. La melatonina es también objeto de un gran interés científico por sus posibles propiedades contra el envejecimiento, y se cree que afecta a la pituitaria, la tiroides, las suprarrenales y las gónadas; aunque nadie sabe todavía cómo ni por qué. Lo mismo que el chakra de la corona dentro del sistema de chakras, la glándula pineal es el centro de control del funcionamiento eficaz de nuestro ser físico, emocional y mental.

### EL *SUSHUMNA* Y EL ASCENSO DE KUNDALINI

De la misma manera que el sistema nervioso central de nuestro cuerpo físico se compone de la médula espinal que conduce al cerebro, su equivalente en el cuerpo de la energía, el *sushumna*, es la columna vertical dentro de la cual están localizados los siete chakras. Los paralelismos que se dan entre estas estructuras física y metafísica resultan sorprendentes. Mientras que la función de la médula espinal es transmitir los impulsos entre el cerebro y las otras partes del cuerpo, por los canales del *sushumna* circula la energía de la fuerza vital universal hacia y desde los chakras de la raíz y la corona.

ASCENSO DE KUNDALINI
**La diosa serpiente viaja desde el chakra de la raíz al de la corona, traspasando en su viaje cada centro de la energía**

Cada chakra está enraizado en el *sushumna* por un aspecto anterior y otro posterior. En su representación tradicional como flores de loto, los pétalos de cada chakra emergen del *sushumna*, en la parte frontal del cuerpo, mientras que los tallos se abren desde la parte posterior. Los tallos permanecen normalmente cerrados y tienen una polaridad negativa, mientras que los pétalos, consecutivamente, vibran, giran en la dirección de las agujas del reloj o en la dirección contraria, además de abrirse y cerrarse. Tienen una polaridad positiva.

Se denomina «ascenso de Kundalini» al viaje que recorre hacia arriba los chakras. Kundalini es la diosa serpiente, representada a menudo como enroscada, dando tres vueltas y media, alrededor del chakra de la raíz. Según la tradición hindú, cuando Kundalini despierta traspasa los chakras de uno en uno en su ascenso hasta el chakra de la corona. Cuando ha llegado a su destino en un individuo, se dice de éste que ha logrado la iluminación. Hay muchos vínculos entre Kundalini y los arquetipos religiosos y culturales. En el Génesis, es una serpiente la que incita a Adán y Eva a probar el fruto del Árbol del Conocimiento, instigando así el conflicto interior entre las necesidades materiales y el deseo espiritual de lograr estados de conciencia superiores. En Egipto, los faraones llevaban símbolos de serpiente sobre el chakra del tercer ojo para representar su estado divino. La apreciación de nuestro ser superior, la búsqueda del dios interior, es el objetivo último de este viaje a través de los chakras.

## EL AURA HUMANA

Los pueblos de las antiguas culturas orientales, que desarrollaron la noción del sistema de siete chakras, sabían y entendían que más allá de su forma material el cuerpo es en realidad un campo dinámico y vibrante de energía. El concepto de «aura», representada en las antiguas pinturas como un halo de luz brillante y de múltiples colores alrededor del ser material, desafía las leyes de la física, pero sólo en la medida en que las entendemos ahora. La ciencia ortodoxa puede haber sido incapaz de medir esta energía «espiritual», de la misma manera que es incapaz de medir la energía emocional o mental, pero no niega estos niveles de la experiencia.

Sin embargo, expertos pioneros de Estados Unidos y China dicen ahora que ya no se puede cuestionar la existencia del campo bioelectromagnético, o aura, de todos los seres vivos. Utilizando la tecnología desarrollada en Estados Unidos para el programa espacial de la NASA, por ejemplo, la doctora Valerie V. Hunt, neurofisióloga y psicóloga, ha verificado científicamente que en el cuerpo físico hay dos sistemas eléctricos principales. El primero es la corriente eléctrica alterna del sistema nervioso y el cerebro, que rige nuestros músculos, hormonas y sensaciones físicas. El segundo es una radiación electromagnética continua que procede de nuestros átomos y permite un intercambio de energía entre los individuos y su entorno.

Al campo de energía exclusivo de cada persona, que se dice que la rodea como una envoltura, se accede desde una reserva universal que recibe diversos nombres, como fuerza vital universal, *prana* o *chi* (o *Qi*).

Esta reserva de energía entra en el cuerpo a través de cada chakra y es transformada por éstos en una cualidad particular, un sentido dominante y su correlativa emoción. Los chakras actúan como una serie de válvulas de un sistema de riego conectado a un grifo de agua por una manguera de jardín. Cuando se abre el grifo, el agua fluye por el sistema. Pero si hay un doblez en la manguera (análogo a un bloqueo de la energía) o si alguna de las válvulas está demasiado abierta, o demasiado cerrada, ello afecta al funcionamiento adecuado de la unidad.

Los expertos creen ahora que el campo de radiación al que llamamos aura, en combinación con nuestro ADN, forma nuestro material genético combinado. Parece ser que mientras el ADN pasivo mantiene nuestro código genético único, el campo bioelectromagnético transmisor es capaz de modificarlo. Los antiguos sanadores creían que en el aura estaba la clave de los estados espiritual, emocional, mental y físico de una persona. Los científicos que trabajan en el campo de la medicina de la energía respaldan esto, afirmando que este campo de energía vibratoria, situado en capas alrededor del cuerpo físico como un conjunto de muñecas rusas, se asemeja a la cinta magnética de una grabadora que almacena información codificada sobre nuestra salud pasada, presente y futura. Por ello, al mantener un canal de energía abierto y fluido a través de nuestros chakras, liberándonos de los traumas emocionales o mentales que pueden producir bloqueos, evitamos el inicio de la enfermedad física. En el capítulo siguiente (consultar p. 20) se describe cómo puedes utilizar la información del resto de este libro para equilibrar de nuevo tu sistema de chakras.

UN AURA SALUDABLE

**Una corriente de energía fluida y constante a través del sistema de chakras asegura un aura saludable, lo que a su vez indica que el cuerpo está libre de enfermedades.**

# EL EQUILIBRIO DE LOS CHAKRAS

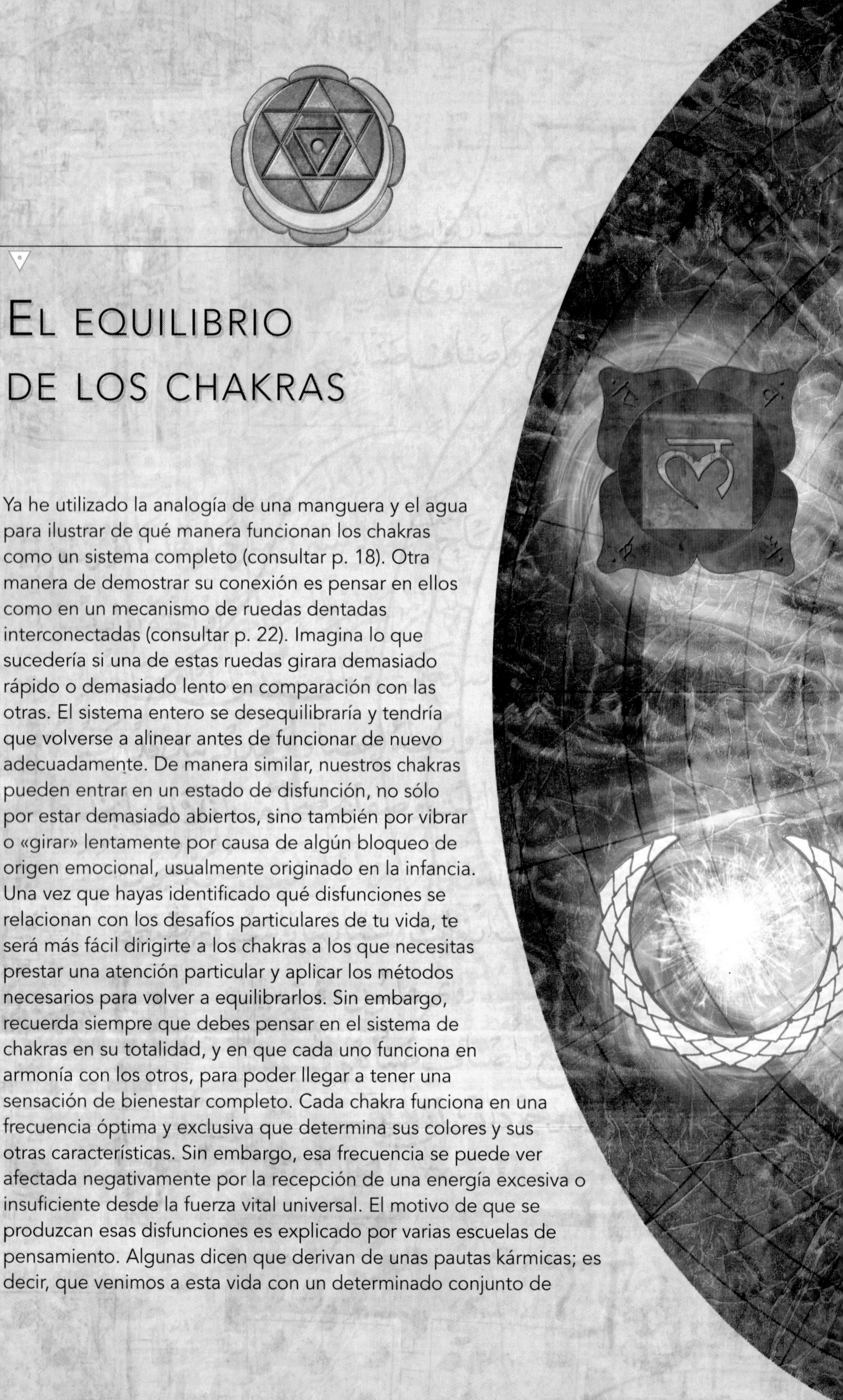

Ya he utilizado la analogía de una manguera y el agua para ilustrar de qué manera funcionan los chakras como un sistema completo (consultar p. 18). Otra manera de demostrar su conexión es pensar en ellos como en un mecanismo de ruedas dentadas interconectadas (consultar p. 22). Imagina lo que sucedería si una de estas ruedas girara demasiado rápido o demasiado lento en comparación con las otras. El sistema entero se desequilibraría y tendría que volverse a alinear antes de funcionar de nuevo adecuadamente. De manera similar, nuestros chakras pueden entrar en un estado de disfunción, no sólo por estar demasiado abiertos, sino también por vibrar o «girar» lentamente por causa de algún bloqueo de origen emocional, usualmente originado en la infancia. Una vez que hayas identificado qué disfunciones se relacionan con los desafíos particulares de tu vida, te será más fácil dirigirte a los chakras a los que necesitas prestar una atención particular y aplicar los métodos necesarios para volver a equilibrarlos. Sin embargo, recuerda siempre que debes pensar en el sistema de chakras en su totalidad, y en que cada uno funciona en armonía con los otros, para poder llegar a tener una sensación de bienestar completo. Cada chakra funciona en una frecuencia óptima y exclusiva que determina sus colores y sus otras características. Sin embargo, esa frecuencia se puede ver afectada negativamente por la recepción de una energía excesiva o insuficiente desde la fuerza vital universal. El motivo de que se produzcan esas disfunciones es explicado por varias escuelas de pensamiento. Algunas dicen que derivan de unas pautas kármicas; es decir, que venimos a esta vida con un determinado conjunto de

desafíos vitales introducido en nuestros chakras. Esta «programación anterior» determina nuestra conducta y actitudes subsiguientes. Similarmente, muchos terapeutas creen que las pautas de energía insuficientes o excesivas de nuestros chakras derivan de nuestras experiencias infantiles y culturales. Afirman que una de las maneras para enfrentarnos con determinadas situaciones repetitivas es intentar protegernos cerrando el chakra relevante. Así, si en nuestros primeros años de vida fuimos criticados o despreciados constantemente, en una época en la que carecíamos de la capacidad mental o los recursos interiores necesarios para enfrentarnos a esa situación, empezamos a considerarnos inadecuados y a sentir que los demás no nos quieren. Esta inseguridad emocional se confunde con nuestras necesidades básicas de supervivencia y, subconscientemente, cerramos el chakra como mecanismo de defensa. Cualquiera que sea la explicación que resuene en tu interior, no olvides nunca que en nuestra vida personal operamos en una «zona de libre voluntad». Tenemos la posibilidad de decidir si aceptamos o intentamos cambiar las situaciones de reto que nuestras predisposiciones atraen en la vida. El conocimiento es poder.

*(Para valorar tus disfunciones, consulta las «Correspondencias» de los chakras en cada capítulo de los chakras: de la raíz, pp. 36-37; del sacro, pp. 50-51; del plexo solar, pp. 64-65; del corazón, pp. 78-79; de la garganta, pp. 92-93; del tercer ojo, pp. 106-107; de la corona, pp. 120-121.)*

RUEDAS INTERCONECTADAS
**Cuando los siete chakras giran en armonía, a la misma velocidad, el sistema funciona fluidamente, como un único mecanismo.**

## SIETE MANERAS DE EQUILIBRAR TUS CHAKRAS

De la misma forma que no existe un enfoque alternativo de la salud que convenga a todo el mundo, por lo que a lo mejor tienes que experimentar varios de ellos antes de descubrir el que mejor funciona en tu caso, hay diferentes maneras de equilibrar los chakras. Este capítulo explica el menú de enfoques descritos en los capítulos siguientes. Pruébalos todos; habrá uno que resuene en tu interior y se convierta en tu favorito. Sin embargo, es importante que pruebes también los otros. Por ejemplo, aunque te sientas predispuesto a centrarte en los ejercicios basados en el yoga, puede haber ocasiones en las que no sea conveniente practicarlos durante unos días. En esos momentos, será útil que ejercites tu mente reflexionando sobre los arquetipos vinculados con los chakras, que realices alguna meditación o visualización guiada, o lleves un diario de preguntas.

## 1. Arquetipos

Son los modelos o temas universales de la «condición humana». Ilustrados mediante los mitos, los cuentos de hadas e incluso las películas modernas, nos proporcionan una comprensión de nuestras experiencias emocionales: tanto lo que somos como aquello en lo que nos gustaría convertirnos. Por medio de estos «dramas de la vida» aprendemos los diferentes valores que subyacen en nuestras actitudes, creencias y conducta. Las historias arquetípicas polarizan las decisiones que tomamos al abordar los retos de la vida; si optamos por el valor o la cobardía, por la paciencia o la impetuosidad, por el pensamiento o por la acción. Los arquetipos son historia mucho más «en blanco y negro» que la vida real, por lo que en ellos es más fácil ver con claridad las decisiones que ofrecen. Sin embargo, hay momentos en que tanto los arquetipos funcionales como los disfuncionales son valiosos para el crecimiento espiritual. Aunque decidamos reprimir nuestro «lado oscuro», deberíamos aceptar que nunca podremos erradicarlo totalmente. En el intento de iluminarnos y controlarnos se incluye el reconocimiento de aquellas partes de nosotros mismos que, instintivamente, no nos gustan ni admiramos; nuestra libre voluntad se fortalece en el proceso de no dejar nunca que tengan un control total sobre nosotros.

Al identificar las pautas que podemos haber incrustado en nuestros caminos neuronales y que se proyectan hacia el exterior como nuestra conducta particular, podemos elegir si rechazamos aquellas que ya no nos sirven. Hay arquetipos disfuncionales y funcionales relacionados con cada chakra. La comprensión de cómo influyen éstos en nuestra vida nos puede ayudar a tomar las riendas de los retos emocionales a los que nos enfrentamos diariamente, para que así podamos elegir una dirección diferente y pasar a una nueva fase de desarrollo.

*(Consultar las páginas sobre arquetipos de cada capítulo de los chakras: de la raíz, pp. 38-39; del sacro, pp. 52-53; del plexo solar, pp. 66-67; del corazón, pp. 80-81; de la garganta, pp. 94-95; del tercer ojo, pp. 108-109; de la corona, pp. 122-123.)*

## 2. Altares

Gran parte del trabajo que hacemos con nosotros mismos, como la meditación, la visualización y otras formas de introspección, es intangible, por lo que es una buena idea tener algo físico en lo que concentrarnos, para que actúe como punto focal del trabajo mental. Un «altar» es tu propio espacio sagrado; el lugar donde podrás realizar una celebración, incluso un ritual, del chakra sobre el que decidas trabajar. Hace siglos, nuestros antepasados descubrieron que se obtenía un gran consuelo psicológico en los rituales, razón por la cual las instituciones de las religiones, de las naciones y los lugares de trabajo –incluso la manera en que ponemos la mesa en las comidas familiares– implican prácticas ritualizadas. En una época en la que la rutina y el ritual parecen estar desapareciendo de nuestra vida, la creación de un altar personal, por pequeño que sea, ofrece un valioso enraizamiento y una posibilidad de expresarnos creativamente.

Mediante la asociación con colores y la selección personal de los elementos que te inspiren los diagramas de correspondencias oportunos, la creación de un altar te ayudará a tener mayor conciencia de las cuestiones y desafíos concernientes al chakra particular en el que estás trabajando. Una vez te hayas acostumbrado a acudir diariamente a tu altar, bien para limpiarlo o reorganizarlo, o para cambiar alguno de los objetos, te será mucho más fácil incluir un tiempo fijo para el pensamiento meditativo. Recuerda que es *tu* espacio sagrado y que sólo debes incluir los elementos que tengan un significado y que te ofrezcan inspiración. Los altares que se muestran en este libro son ejemplos de estudio, pensados como inspiración. Puede ser un ejercicio valioso meditar antes de empezar acerca de lo que te gustaría incluir en ellos, permitiendo así que tu ser intuitivo te guíe. Consulta los diagramas de correspondencias de cada capítulo de los chakras para obtener ideas acerca de lo que puedes incluir. Experimenta con su disposición y, si alguno de los elementos te irrita o perturba, o no te inspira demasiado, elimínalo.

*(Consulta las páginas sobre altares de cada capítulo de los chakras: de la raíz, pp. 40-41; del sacro, pp. 54-55; del plexo solar, pp. 68-69; del corazón, pp. 82-83; de la garganta, pp. 96-97; del tercer ojo, pp. 110-111; de la corona, pp. 124-125.)*

### 3. Ejercicios físicos

Con excepción del tercer ojo, que por su naturaleza responde a la disciplina mental, sugerimos ejercicios físicos para cada chakra. En gran parte, se basan en movimientos de yoga que han sido desarrollados con el tiempo como una manera de abarcar la estimulación física, la disposición mental necesaria para una respiración adecuada y el reposo meditativo para estimular el espíritu. La vinculación del yoga con los chakras no resulta sorprendente si sabemos que los orígenes de ambos derivan de las escrituras hindúes: los *Vedas*.

Como disciplina segura que cualquiera puede practicar, las posiciones del yoga ayudan a estirar y tonificar el cuerpo, tanto interna como externamente. Estos ejercicios ayudarán a liberar cualquier tensión física y mental que contribuya al funcionamiento inadecuado de tus chakras. Incluso los escépticos con respecto a los beneficios metafísicos de la práctica del yoga deben saber que la investigación médica de sus efectos beneficiosos incluye estudios que han demostrado que se produce una reducción de la presión arterial, un incremento significativo de la capacidad pulmonar y la respiración, una mejora de la capacidad de resistir el estrés, así como un alivio de afecciones como la artritis, asma, fatiga crónica y problemas del corazón. Cuando nos encontramos físicamente bien, es mucho más fácil enfrentarnos a los retos mentales y emocionales, y el yoga es un modo valioso de lograr ese bienestar total.

*(Consulta las páginas de ejercicios de cada capítulo de los chakras: de la raíz, pp. 42-43; del sacro, pp. 56-57; del plexo solar, pp. 70-71; del corazón, pp. 84-85; de la garganta, pp. 98-99; del tercer ojo, pp. 112-113; de la corona, pp. 126-127.)*

#### Antes de iniciar los ejercicios físicos

- No hagas ejercicio inmediatamente después de una comida pesada. Aguarda al menos cuatro horas, y dos horas después de tomar un bocado.
- Ve al baño antes de empezar.
- Lleva ropa suelta y quítate los zapatos.
- Utiliza una manta gruesa o una colchoneta antideslizante.
- No fuerces el cuerpo para lograr una de las posiciones.
- Primero practica tu respiración durante unos minutos. Toma el aire por la nariz y expúlsalo por la boca. Respira con lentitud y fluidez mientras realizas los movimientos.

## 4. La sanación con cristales

Los chakras son vórtices de energía a través de los cuales la fuerza vital universal es canalizada y transmitida. Resuenan en frecuencias diferentes que nosotros, en la dimensión física, asociamos con los distintos colores. Los cristales funcionan según el mismo principio. Oscilan en una frecuencia sanadora natural que es activada por el poder de la mente. Esto se logra con técnicas como la meditación y la visualización. Por tanto, los cristales son herramientas compatibles con las que armonizar y equilibrar los chakras. Te ayudan a conectar con tus capacidades autosanadoras naturales, y así favorecen el óptimo bienestar físico, mental y espiritual.

Lo único que necesitas para liberar este potencial sanador vibratorio es concentrar tu energía mental en cristales situados sobre el chakra relevante o cerca de él. Los ejemplos que aparecen en cada uno de los capítulos de los chakras sugieren qué colores o cristales específicos puedes utilizar. Mediante el poder de la intención, tuya o de tu terapeuta, la apropiada energía sanadora de la fuerza vital universal se canaliza a través del cristal. Esa energía se amplifica mediante la estructura molecular exclusiva de los cristales naturales y ayuda a estimular, equilibrar o relajar las frecuencias de los chakras.

Las distribuciones de cuerpos cristalinos que se reseñan más adelante muestran una selección de cristales y sugieren su ubicación con respecto a cada chakra, aunque se trata de ejemplos para el estudio y no deben copiarse al pie de la letra. En dos casos, los individuos implicados eligen cristales únicos en lugar de combinaciones de múltiples cristales (chakra del corazón y del tercer ojo). Serás guiado hacia el trazado más eficaz para tus necesidades por el diagrama individual de correspondencias de cada chakra. Allí encontrarás una descripción de las disfunciones emocionales y físicas asociadas. Pero es aconsejable que pidas siempre el consejo de algún experto en caso de que padezcas una enfermedad grave antes de sustituir el tratamiento por un enfoque alternativo, como la sanación con cristales.

*(Consultar las páginas de cristales de cada capítulo de los chakras: de la raíz, pp. 44-45; del sacro, pp. 58-59; del plexo solar, pp. 72-73; del corazón, pp. 86-87; de la garganta, pp. 100-101; del tercer ojo, pp. 114-115, de la corona, pp. 128-129.)*

### Elegir los cristales

Comprueba qué cristales se relacionan con cada chakra (consulta los capítulos de cada chakra). Si tienes que comprarlos, selecciona los de color apropiado y utiliza la intuición para saber los cristales adecuados a tus necesidades específicas. Una vez limpios y sintonizados, cierra los ojos y, concentrándote en el chakra correspondiente, pasa la mano por encima de los cristales. Escoge los que sientas que son los «correctos». La sensación puede ser incluso física, con un cosquilleo.

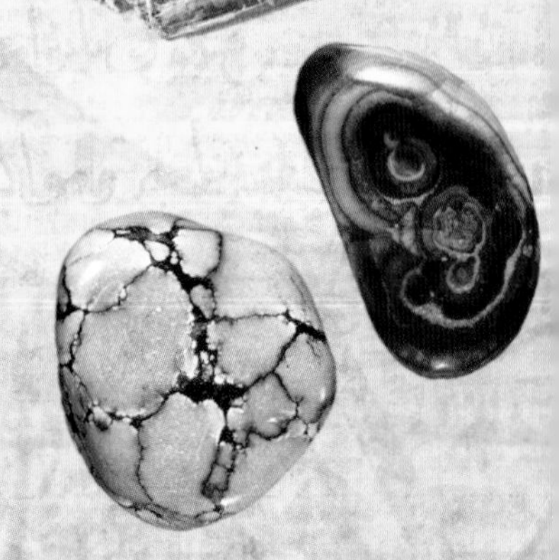

## Utilización de los cristales

Acostado con los cristales a tu alcance. Realiza un ejercicio de meditación para conectar con el chakra en el que estás trabajando y tomar conciencia de la estructura de rueda o de flor. Sitúa el o los cristales sobre el chakra o cerca de él. Realiza una meditación (consulta los chakras individuales) para permitir que las vibraciones del cristal den energía al chakra. Después, vuelve a la conciencia normal.

## Limpiar los cristales

Es un ritual espiritual con el que las energías inapropiadas pueden ser neutralizadas y los cristales re-energizados. Elige uno de los métodos siguientes:

- Sosténlos bajo agua corriente, visualizando una hermosa catarata u olas en una playa.
- Haz sonar una campana encima de ellos.
- Déjalos al sol durante veinticuatro horas.
- Tíznalos quemando hierbas secas y agitando el humo sobre ellos.
- Utiliza un lecho de amatistas para limpiar simultáneamente un grupo de cristales.
- Sujeta tus cristales e imagina una luz blanca y brillante que desciende desde tu coronilla y elimina en ellos toda negatividad.

## Sintonización

Al limpiar los cristales, «sintonizas con ellos» como con una emisora de radio. Para recibir una «emisora» debes ajustar el dial en el número que le corresponde. También la «longitud de onda» que eliges cuando sintonizas depende de tu propósito. Por ejemplo, di: «Quiero que este cristal sea una herramienta eficaz para la sanación, meditación, interpretación de los sueños, etc.»

### 5. MEDITACIÓN

Los psicólogos han descubierto que el cerebro no puede diferenciar entre lo que es real y lo que imaginamos de una manera realista. La práctica regular de la meditación y la visualización guiada nos pueden aportar muchos beneficios:

- *Ofrecen una rara oportunidad de estar inmóviles y en silencio y poder escuchar esa «voz pequeña y callada» de la intuición y la sabiduría interior.*
- *Calmar la mente calma automáticamente el cuerpo, ayuda a reducir el estrés y da al ser físico la oportunidad de recuperar el equilibrio.*
- *Cuando la mente está en calma, puedes sentir dónde se origina el dolor físico y «percibir» qué chakra podría estar en desequilibrio.*

- *Nuestra mente es un campo de deportes mental y el escenario teatral en el que podemos «representar» aquellas situaciones que en la vida real podrían ser peligrosas. Al imaginar diferentes opciones, podemos comprobar con seguridad los efectos de cada una de ellas y llegar a la conclusión correcta con respecto a la acción que debemos tomar.*
- *Pocos adultos damos rienda suelta a nuestra imaginación. Jugar «a que creemos» es vital para el desarrollo emocional, incluso del nuestro.*
- *Todo lo que vemos o tocamos se inició como un pensamiento. Puedes crear cualquier cosa que pienses, y las meditaciones y visualizaciones te aseguran que las creaciones resultantes contribuyen a tu completo bienestar.*

### 6. CUESTIONES DIARIAS

El conocimiento es poder. Cuanto más nos entendemos a nosotros mismos mejor equipados estamos para realizar cambios positivos en nuestra vida. Las cuestiones que se relacionan con el desafío vital de cada chakra te ayudarán a desvelar los modos por los que puedes sabotear tu felicidad y bienestar con conductas y actitudes disfuncionales. También te ayudarán a determinar cómo producir esos cambios físicos, mentales, emocionales y espirituales que permitirán un funcionamiento más eficaz de tus chakras.

Llevar un diario es vital para el propio desarrollo. Tenemos tantos pensamientos cada día que es difícil recordarlos y prácticamente imposible, a menos que los escribamos, averiguar las pautas que subyacen en nuestra actitud ante la vida. Conforme vayas recorriendo los chakras, tu diario te ayudará a trazar el progreso y a motivarte hacia un desarrollo personal todavía mayor. Al recordar los días, meses o incluso años vividos, descubrirás que es cierta la afirmación de Charlie Chaplin: «La vida es una tragedia vista en primer plano, pero una comedia vista en un plano general.»

Compra un libro de notas que te guste y escribe tus pensamientos por la noche durante las tres próximas semanas. Es el tiempo que necesitamos para convertir una conducta nueva en un hábito. No importa que escribas mucho o poco. Lo importante es elegir una cuestión que resuene en tu interior y el desafío particular al que te estás enfrentando ahora, y dejar que tu conciencia te aporte la respuesta.

### 7. Afirmaciones

Imagínate un campo de hierba por el que puedes caminar todos los días. Cada vez que sigues el mismo camino la hierba se va aplastando bajo tus pies, hasta que al final aparece un sendero. Similarmente, cada vez que tienes un pensamiento particular se crea un camino neuronal en el cerebro: un vínculo débil al principio, pero que se va fortaleciendo conforme vayas teniendo el mismo pensamiento. Por eso es tan difícil romper las pautas habituales del pensamiento; están tan incrustadas en nuestro cerebro que necesitamos crear otro «camino», más poderoso, para competir con ellas. A eso nos referimos con el término afirmación. Se trata de frases positivas que «dicen» a nuestro cerebro que hemos decidido pensar de manera diferente acerca de algún reto particular de la vida. Y como en la analogía de la hierba, cuanto más recorremos el mismo camino –es decir, cuanto más hablamos y pensamos esos mensajes optimistas y beneficiosos–, mayores son nuestras posibilidades de cambiar la conducta y las pautas de pensamiento antiguas e inapropiadas.

*(Ver las páginas sobre meditación, cuestiones diarias y afirmaciones en cada capítulo de los chakras: de la raíz, pp. 46-47; del sacro, pp. 60-61; del plexo solar, pp. 74-75; del corazón, pp. 88-89; de la garganta, pp. 102-103; del tercer ojo, pp. 116-117; de la corona, pp. 130-131.)*

# La tabla principal de correspondencias

| Los chakras y su ubicación | Nombre sánscrito y significado | Color asociado | Cuestión principal |
|---|---|---|---|
| **Corona (7.°)<br>Parte superior de la cabeza** | *Sahasrara*<br>Multiplicado por mil | Violeta, dorado, blanco | Espiritualidad |
| **Tercer ojo (6.°)<br>Por encima del entrecejo** | *Ajna*<br>Percibir, conocer | Añil | Intuición, sabiduría |
| **Garganta (5.°)<br>Centrado, en la base del cuello** | *Vishuddha*<br>Purificación | Azul | Comunicación, autoexpresión |
| **Corazón (4.°)<br>Centro del pecho** | *Anahata*<br>Sin roce | Verde, rosa | Amor y relaciones |
| **Plexo solar (3.°)<br>Entre el ombligo y la base del esternón** | *Manipura*<br>Gema brillante | Amarillo | Poder personal, fuerza de voluntad |
| **Sacro (2.°)<br>Abdomen inferior, entre el ombligo y los genitales** | *Svadhisthana*<br>Dulzura | Naranja | Equilibrio emocional, sexualidad |
| **Raíz (1.°)<br>Entre el ano y los genitales** | *Muladhara*<br>Raíz o apoyo | Rojo | Supervivencia, necesidades físicas |

| **Conexión glandular** | **Partes del cuerpo asociadas** | **Elemento y planeta dominantes** | **Asociaciones astrológicas** | **Sentido asociado** |
|---|---|---|---|---|
| Pineal | Parte superior del cráneo, corteza cerebral, piel | Pensamiento, energía cósmica Urano | Acuario | Más allá del ser |
| Pituitaria | Ojos, base del cráneo | Luz, energía telepática Neptuno, Júpiter | Sagitario, Piscis | Sexto sentido |
| Tiroides, paratiroides | Boca, garganta, oídos | Éter Mercurio | Géminis, Virgo | Oído |
| Timo | Corazón y pecho, pulmones, circulación | Aire Venus | Libra, Tauro | Tacto |
| Páncreas | Sistema digestivo, músculos | Fuego Marte y Sol | Aries, Leo | Vista |
| Ovarios, testículos | Órganos sexuales, vejiga, próstata, útero | Agua Luna Plutón | Cáncer, Escorpio | Gusto |
| Suprarrenales | Huesos, estructura ósea | Tierra Saturno | Capricornio | Olfato |

(Continúa en página siguiente)

# LA TABLA PRINCIPAL DE CORRESPONDENCIAS (CONTINUACIÓN)

| Los chakras y su ubicación | Fragancias, incienso/aceites | Cristales | Animales y arquetipos |
|---|---|---|---|
| **Corona (7.°)**<br>**Parte superior de la cabeza** | Espliego, incienso, palorrosa | Amatista, cuarzo claro, diamante | (Ninguno)<br>Gurú/egocéntrico |
| **Tercer ojo (6.°)**<br>**Por encima del entrecejo** | Jacinto, violeta, geranio rosado | Amatista, fluorita, azurita | (Ninguno)<br>Psíquico/ racionalista |
| **Garganta (5.°)**<br>**Centrado, en la base del cuello** | Manzanilla, mirra | Lapislázuli, turquesa, aguamarina | Elefante, toro<br>Comunicador/ ser enmascarado |
| **Corazón (4.°)**<br>**Centro del pecho** | Rosa, bergamota, melisa | Turmalina de sandía, cuarzo rosa, esmeralda | Gacela, antílope<br>Amante/ ejecutante |
| **Plexo solar (3.°)**<br>**Entre el ombligo y la base del esternón** | Vetivert, ylang ylang, bergamota | Cuarzo venturina, piedra solar, citrino amarillo | Cordero<br>Guerrero espiritual/ esclavo del trabajo |
| **Sacro (2.°)**<br>**Abdomen inferior, entre el ombligo y los genitales** | Jazmín, rosa, madera de sándalo | Citrino, cornalina, topacio dorado | Caimán con cola de pez<br>Soberano/mártir |
| **Raíz (1.°)**<br>**Entre el ano y los genitales** | Madera de cedro, mirra, pachulí | Hematites, ojo de tigre, heliotropo | Elefante<br>Madre Tierra/ víctima |

| Disfunciones físicas | Disfunciones emocionales | Asociación sacramental | Alimentos | Edad de desarrollo y lección vital |
|---|---|---|---|---|
| Sensibilidad a los contaminantes, agotamiento crónico, epilepsia, Alzheimer | Depresión, pensamiento opresivo, confusión | Extremaunción | (Ninguno) Ayuno | (Ninguna) Ausencia de egoísmo |
| Dolores de cabeza, mala visión, perturbaciones neurológicas, glaucoma | Pesadillas, dificultades de aprendizaje, alucinaciones | Ordenación | (Ninguno) | (Ninguna) Inteligencia emocional |
| Dolores de garganta o de cuello, problemas de tiroides, zumbidos en oído, asma | Perfeccionismo, incapacidad de expresar emociones, bloqueo de creatividad | Confesión | Frutas | 28-35 años Expresión personal |
| Falta de aliento, hipertensión, enfermedades cardíacas, cáncer | Miedo a ser traicionado, dependencia, melancolía | Matrimonio | Verduras | 21-28 años Perdón y compasión |
| Úlceras de estómago, problemas digestivos, fatiga crónica, alergias, diabetes | Mucha sensibilidad a las críticas, necesidad de tener el control, baja autoestima | Confirmación | Carbohidratos complejos | 14-21 años Autoestima, autoconfianza |
| Impotencia, frigidez, problemas de vejiga y próstata, dolor en la parte inferior de la espalda | Impulso sexual desequilibrado, inestabilidad emocional, sensación de aislamiento | Comunión | Líquidos | 8-14 años Motivaciones de desafío basadas en el condicionamiento social |
| Osteoartritis | Letargo mental, «vértigo», incapacidad de quietud interior | Bautismo | Proteínas, carne | 1-8 años Mantenerse uno mismo |

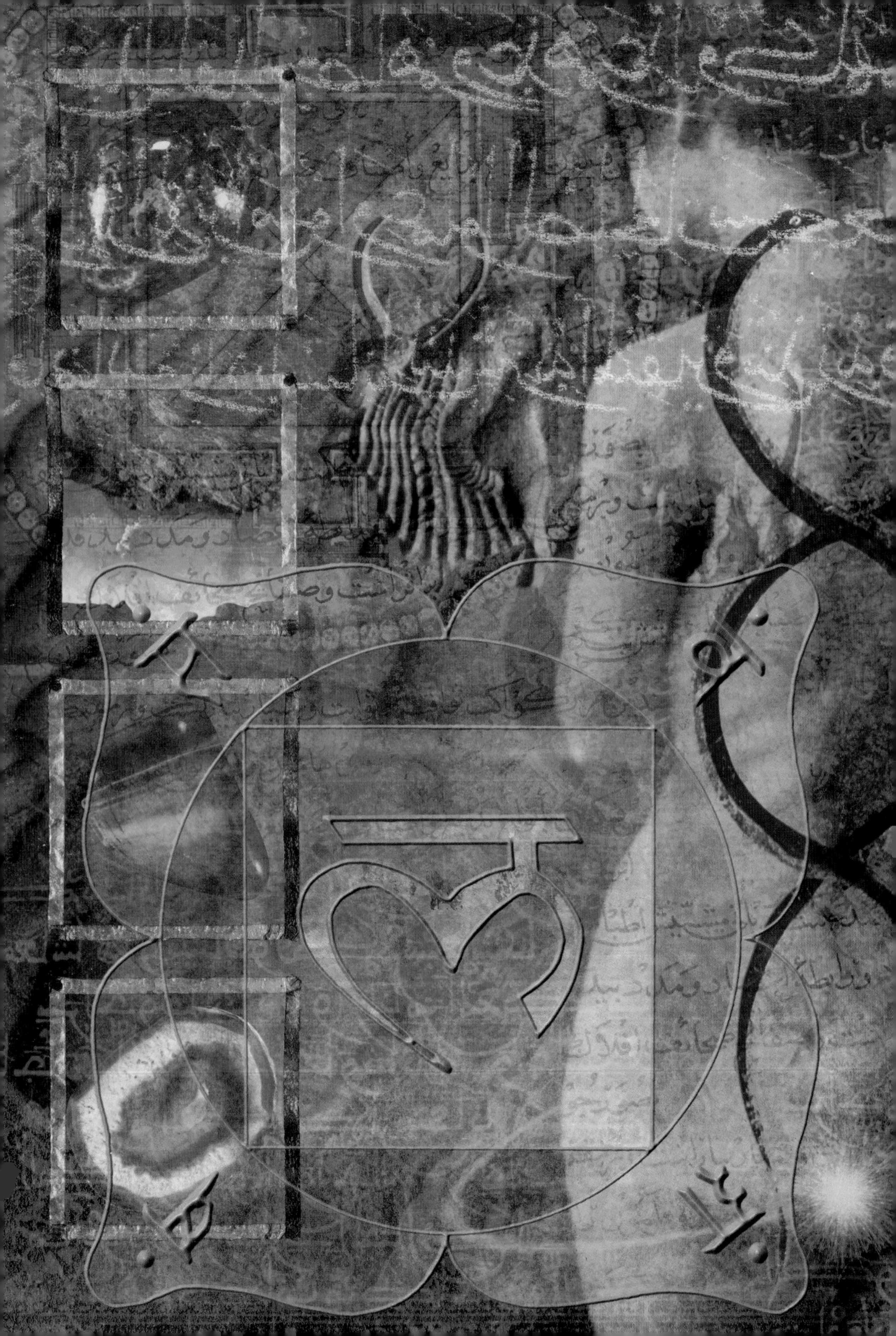

# EL CHAKRA DE LA RAÍZ *MULADHARA*

El viaje a través de los chakras empieza con el de la raíz, el primero. El nombre sánscrito, *Muladhara*, significa «raíz» o «soporte», y se representa como una flor de loto de cuatro pétalos que envuelve un triángulo con la punta hacia abajo, dentro de un cuadrado. En versiones más complejas del símbolo, es la diosa Kundalini: una serpiente enroscada alrededor de un falo, o *lingam*, que representa la sexualidad masculina. La sexualidad femenina se localiza primordialmente en el segundo chakra, el del sacro. De acuerdo con la tradición hindú, Kundalini asciende a través de los chakras, despertándolos de uno en uno, hasta que llega al de la corona, que es cuando se logra la «iluminación».

El chakra de la raíz se ocupa de las necesidades físicas y de la supervivencia humana básica. En el conjunto de los chakras, tiene la tasa vibratoria inferior, y resuena con el color rojo. El elemento tierra está representado por el cuadrado, o *yantra*, mientras el triángulo invertido denota el movimiento descendente de la energía, que nos mantiene enraizados en el suelo. Por tanto, existe una vinculación entre el chakra de la raíz y la gravedad, que constantemente nos atrae hacia abajo y nos conecta con nuestra existencia material. Los cuatro pétalos del loto simbolizan los cuatro elementos de nuestro hogar terrenal, y la deidad comúnmente asociada con él es Ganesha, el dios de cabeza de elefante que los hindúes creen que nos ayuda a superar los obstáculos.

# CORRESPONDENCIAS DEL CHAKRA DE LA RAÍZ

Este diagrama del primer chakra o de la raíz identifica todas las asociaciones y simbolismos vinculados con este chakra particular. Como tal, proporciona una «referencia rápida» de las inspiraciones que hay que utilizar cuando se realizan ejercicios prácticos, como montar tu altar (consultar pp. 40-41) o elegir las piedras apropiadas para el trabajo con cristales (consultar pp. 44-45). Este diagrama también te ayudará con las diversas imágenes que necesitarás en tus meditaciones y visualizaciones. Incorpora todos los símbolos y temas que te parezcan apropiados a tus necesidades.

Familiarizarte con este diagrama del chakra, como preludio a la sección del chakra de la raíz, te ayudará a mantener la mente centrada en las cuestiones relacionadas, incluyendo una conciencia de tu cuerpo físico y de tus necesidades de supervivencia mediante la dieta, el ejercicio y las interacciones con la identidad de la «tribu» o el grupo.

Para que tu viaje por los chakras tenga éxito y sea placentero, debes prepararte atendiendo a ciertos requisitos prácticos (consultar pp. 25 y 45). El dominio del chakra de la raíz te ayudará a entender la importancia de un cuerpo apto y saludable conforme vayas ascendiendo por niveles cada vez más altos de la conciencia.

## CARACTERÍSTICAS DEL CHAKRA

Observa con cuáles de las siguientes características de la energía del chakra –excesiva («demasiado abierto»), insuficiente («bloqueado») y equilibrada– te sientes identificado; después, determina (la elección es tuya) las acciones necesarias que debes emprender, utilizando las herramientas y las técnicas descritas en este capítulo.

**Demasiado abierto** (el chakra gira a una velocidad excesiva): desafiante, demasiado materialista, centrado en ti mismo, te comprometes en absurdas hazañas físicas.
**Bloqueado** (el chakra no gira o lo hace con demasiada lentitud): con necesidades emocionales, baja autoestima, conducta autodestructiva, temeroso.
**Equilibrado** (el chakra mantiene el equilibrio y gira a la velocidad correcta): demuestra dominio de uno mismo, gran energía física, bien enraizado, saludable.

## EL CHAKRA DE LA RAÍZ

**Nombre sánscrito**
*Muladhara*

**Significado**
Raíz o soporte

**Ubicación**
Base de la columna, entre el ano y los genitales

**Símbolo**
Cuatro pétalos rojos que rodean un cuadrado, que contiene un triángulo con la punta hacia abajo

**Color asociado**
Rojo

**Elemento**
Tierra

**Planeta dominante**
Saturno

**Disfunciones emocionales**
Letargo mental, «vértigo», mente descentrada, incapacidad de estar quieto, dificultad para lograr objetivos

**Disfunciones físicas**
Osteoartritis

**Partes corporales asociadas**
Huesos, estructura ósea

**Conexión glandular**
Suprarrenales

**Asociación sacramental**
Bautismo

**Asociación social**
Poder tribal, identidad familiar

**Animal asociado**
Elefante

**Arquetipos**
Funcional: Madre Tierra
Disfuncional: Víctima

**Objetivos**
Aptitud y salud física, enraizamiento, estabilidad, seguridad

**Sentido asociado**
Olfato

**Lección vital**
Mantenerse uno mismo

**Alimentos**
Proteínas, carnes

**Cuestión principal**
Supervivencia, necesidades físicas

**Incienso/aceites**
Madera de cedro, pachulí, mirra, almizcle, espliego

**Edad de desarrollo**
1-8 años

**Cristales**
Ágata, heliotropo, ojo de tigre, granate, rubí, hematites, ónice, cuarzo rosa, cuarzo ahumado

# ARQUETIPOS: EL CHAKRA DE LA RAÍZ

El chakra primero o de la raíz está relacionado con la seguridad física. Nuestras primeras experiencias, incluyendo la medida en la que de recién nacidos nuestras necesidades básicas son satisfechas o no, quedan registradas y almacenadas aquí, como un mensaje en una cinta magnética. Seamos conscientes o no de ello, nuestra seguridad emocional procede del sentimiento de pertenecer a un grupo. Este aspecto fundamental de nuestro bienestar psicológico se relaciona con el chakra de la raíz.

Puede parecer que el poder «tribal» no se aplica a los estilos de vida actuales, cuando vamos a comprar provisiones en lugar de confiar en que el grupo cace o coseche. Pero casi todos nosotros podemos reconocer los sentimientos positivos que provoca el hecho de formar parte de una familia, de compartir intereses con los amigos o de ser miembro de un club. Cuando exploramos este concepto de «la tribu» o la «mente de masas», entendemos que muchas de nuestras creencias, valores, actitudes y conductas derivan del hecho de que coincidamos, o no, con esos grupos. Quizás no seamos conscientes de la medida en que nos afectan estas cosas, como el ser alimentados por nuestra madre cuando éramos bebés (consultar texto al margen).

Los arquetipos asociados con el chakra de la raíz son el de Madre Tierra y el de víctima. Representan los dos lados de la misma moneda: la faz positiva y nuestro lado más oscuro. Las víctimas disfuncionales son cada vez más un lugar común en nuestra sociedad, pues hay gente que busca a los demás para culparlos de sus propios problemas. Si te consideras víctima, tú mismo te estás convirtiendo en un ser vulnerable, lleno de necesidades, y por tanto desenraizado, porque consideras cada decepción, separación o pérdida como algo que no puedes controlar ni cambiar. Subconscientemente, sigues considerándote como el bebé que no puede levantarse y alimentarse por sí mismo, por lo que ha de confiar en los demás. Sólo reconociendo que tienes la capacidad de satisfacer todas tus necesidades por ti mismo serás capaz de reestructurar tus experiencias en oportunidades de autosuficiencia, fuerza e integridad emocional. La transformación de este arquetipo negativo exige aceptar la responsabilidad personal de tu vida, reconociendo que tomas tus decisiones y mereces lo mejor que la vida pueda ofrecerte.

### ¿CÓMO PUEDEN DESARROLLARSE LOS ARQUETIPOS DE LA RAÍZ?

**Dicen los psicólogos que los bebés que se alimentan «cuando lo piden» aprenden a confiar en que sus necesidades serán satisfechas. Si esto se refuerza, esos individuos pasan por la vida esperando lo mismo y raramente se sienten decepcionados. Los bebés a los que se les deja llorar aprenden a desconfiar y a esperar decepciones, creyendo que no merecen la satisfacción de sus necesidades. Esto puede afectar a cómo se mantengan las relaciones en etapas posteriores de la vida.**

Inversamente, el lado funcional del arquetipo es la Madre Tierra, asociada universalmente con la nutrición, la asistencia y el amor incondicional. Al reconocer a la Madre Tierra que hay en tu interior (con independencia de tu género), reconoces que eres capaz de proporcionarte tú mismo toda la seguridad física y emocional que necesitas. Puedes empezar a desarrollar esta habilidad de una manera práctica atendiendo a las necesidades del niño que hay en tu interior, manteniendo el entorno de tu hogar seguro y confortable, tratándote de una manera maternal de cuando en cuando y afirmando que no hay nada que no puedas conseguir, bien por ti mismo o pidiendo la ayuda de los demás.

### La Madre Tierra

**Este arquetipo está relacionado con la nutrición, la atención y el amor incondicional. Si prestas atención al niño que hay en tu interior, atendiéndolo y manteniéndolo seguro y confortable, alimentas este arquetipo positivo.**

### La víctima

**La víctima se vuelve vulnerable; está llena de necesidades y carece de raíces. Cree que no puede ejercer influencia, realizar cambios ni tener el control de las situaciones.**

*Con la meditación, las cuestiones diarias y las afirmaciones de las pp. 46-47, podrás explorar los temas de la Madre Tierra y la víctima y te ayudarás a tomar el control de tu vida.*

## ALTAR: EL CHAKRA DE LA RAÍZ

Pedro había perdido recientemente a una madre dominante. Meses después del funeral, se dio cuenta de que siempre había aceptado, sin cuestionarlas, las ideas de su madre. Al permitir que le dominara más allá de la infancia, no había logrado asumir la responsabilidad de su propia vida. Ahora tenía que empezar a tratarse bien y a satisfacer sus propias necesidades. También ha reconocido que su vida estaba estancada, sobre todo por su incapacidad para superar las enfermedades menores pero repetidas. Por causa de su «mala salud» sólo había ejercido empleos de poca importancia y nunca se había dado cuenta de todo su potencial.

Este altar le ayudó a concentrar sus energías en cambiar de dieta para afrontar el estreñimiento crónico y la obesidad, y le impulsó a hacer el esfuerzo necesario para llevar una vida social y «regresar a la Tierra» uniéndose a un club de excursionistas.

- Bolas de *baoding* de color rojo
- Rosas, sus flores favoritas
- Una talla de madera oscura de un elefante
- Cristales de enraizamiento: ágata, hematites y ojo de tigre
- Barritas de incienso de madera de cedro
- Una estatua de Ganesha, el dios de cabeza de elefante vinculado con el inicio de nuevas aventuras
- Un cuaderno rojo para anotar diariamente los progresos
- El anillo de rubí de su madre
- Una caja roja que contenía detalles de las sociedades y grupos de aficiones
- Un par de calcetines de excursionista rojos
- Velas rojas para encender durante la meditación
- Una vasija de barro que representaba «el enraizamiento»

*Este altar es el intento de Pedro de trabajar el chakra de la raíz. Es un caso propuesto como inspiración. Elige los objetos que tengan un significado personal para ti.*

# EJERCICIO: EL CHAKRA DE LA RAÍZ

Este ejercicio es una variante de lo que en yoga se conoce como la posición del «puente», o *setu bandhasana*. Su simplicidad te permite concentrarte mentalmente en potenciar tu enraizamiento, además de estimular la afluencia de la energía por el chakra de la raíz.

1. Tumbado en el suelo con los brazos relajados a tus costados, las rodillas dobladas y las plantas de los pies separadas al nivel de los hombros. Realiza una inspiración profunda y presiona la parte inferior del abdomen contra el suelo cuando expulses el aire.

2. Con la espiración, levanta las nalgas hacia arriba, empezando por la parte inferior de los muslos y siguiendo en un movimiento ascendente hasta la ingle y la pelvis. La manera de conseguir la posición correcta es imaginar que tienes atado un cordel al extremo de tu columna vertebral y que tiras de él hacia el techo. Llega sólo hasta el punto en el que te sientas cómodo, sobre todo si tienes problemas de espalda. Asegúrate de que la parte inferior de las piernas está en posición vertical.

3. Continúa subiendo mientras te sientas cómodo, contrayendo los músculos de las nalgas para proteger la parte inferior de la espalda.

4. Vuelve a la posición original lentamente, tocando el suelo primero con la parte superior de la espalda, y descendiendo hasta el final de ésta. Desliza los brazos hacia el exterior para mejorar tu equilibrio. Descansa unos minutos y siente que todo tu cuerpo está conectado con la Tierra.

# CRISTALES CLAVE: EL CHAKRA DE LA RAÍZ

El chakra de la raíz, vinculado con el mundo material, está conectado con la Tierra. Pone de relieve la importancia de estar enraizado en el aquí y el ahora. Los cristales que corresponden a los colores «terrestres», como marrones, grises, negros y rojos, son todos convenientes para este chakra. Estas sugerencias te ayudarán a enraizarte y centrarte, además de sus usos específicos. (Para obtener información acerca de la sanación con cristales, consulta también las pp. 26-27.)

## HELIOTROPO

Un cuarzo de color verde oscuro moteado con manchas de óxido de hierro que parecen gotas de sangre; esta «piedra del valor» ayuda a aliviar las ansiedades que pueden desequilibrar el cuerpo. Se dice que ayuda a la renovación física, mental y emocional, pero también a la toma de decisiones. En el nivel físico, el heliotropo fortalece los riñones, el hígado y el bazo, y favorece la desintoxicación.

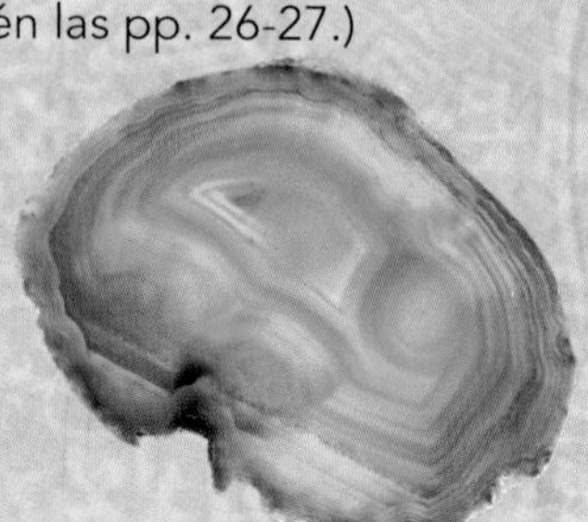

## ÁGATA

El ágata de fuego o el ágata musgosa, de color marrón o marrón oscuro, son las mejores para el chakra de la raíz. Utilízalas si tu energía es insuficiente, para mejorar la autoestima, para ayudar a la seguridad física y emocional, y para tener una perspectiva de la vida más equilibrada, sobre todo mediante la eliminación de la negatividad.

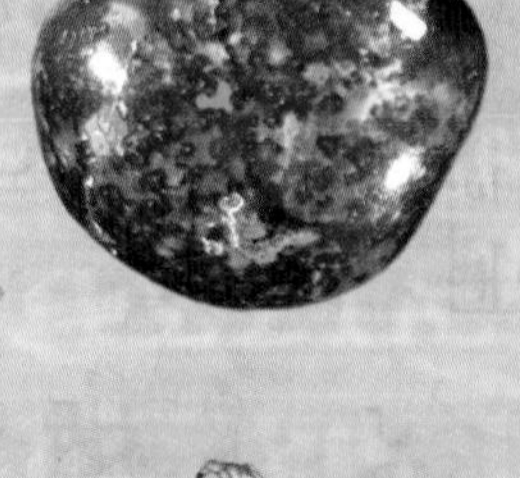

## OJO DE TIGRE

Un dióxido de silicona con un efecto de ojo de gato iridiscente. Los colores van desde el negro al marrón oscuro, con inclusiones fibrosas amarillas o de color marrón dorado. La utilización de este cristal en el chakra de la raíz concentra la energía necesaria para hacer frente a los desafíos, estimulando el optimismo y la disciplina. También ayuda a iluminar los pasos prácticos necesarios para conseguir los objetivos.

## CUARZO AHUMADO

Una forma de cuarzo cuyos colores van del gris claro al gris oscuro y el negro. Otro excelente cristal de «enraizamiento» que te estimula a concentrarte en el momento presente. Se dice que activa los instintos de supervivencia y que mejora la intuición relacionada con los retos y los problemas. Es una piedra útil para disolver las energías negativas y los bloqueos emocionales.

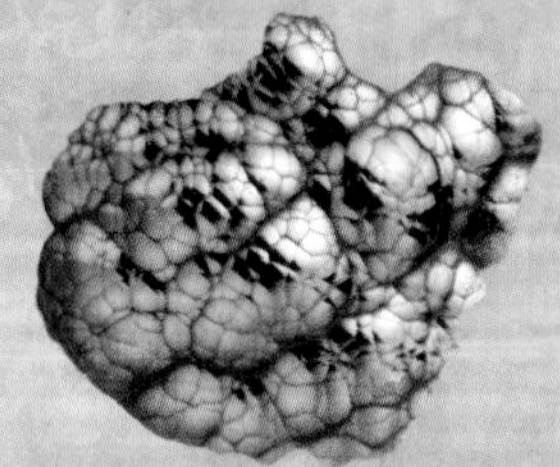

## HEMATITES

Los colores van del marrón rojizo al gris oscuro o el negro, siempre con un brillo metálico. Es un cristal de «enraizamiento» excelente que también ayuda a erradicar las limitaciones mentales que impiden probar nuevas direcciones, pues disuelve la negatividad asociada con el miedo a las nuevas aventuras.

PEDRO (consultar también pp. 40-41)
Ésta es la distribución que utilizó Pedro. Colocó los cinco cristales sobre su chakra de la raíz como ayuda para superar los desafíos a los que se enfrentó tras la muerte de su madre:

- **Ágata musgosa:** eleva la baja autoestima; brinda seguridad física y emocional;
- **Heliotropo:** para iniciar el proceso de renovación y ayudar a eliminar los bloqueos físicos;
- **Hematites:** para ayudar a concentrarse en el potencial de una vida de trabajo y una vida social, y para ayudar a disolver la negatividad;
- **Ojo de tigre:** para estimular el optimismo y la disciplina necesarios para avanzar y sentirse seguro e independiente;
- **Cuarzo ahumado:** para ayudar a Pedro a enfrentarse con entusiasmo a los desafíos del futuro.

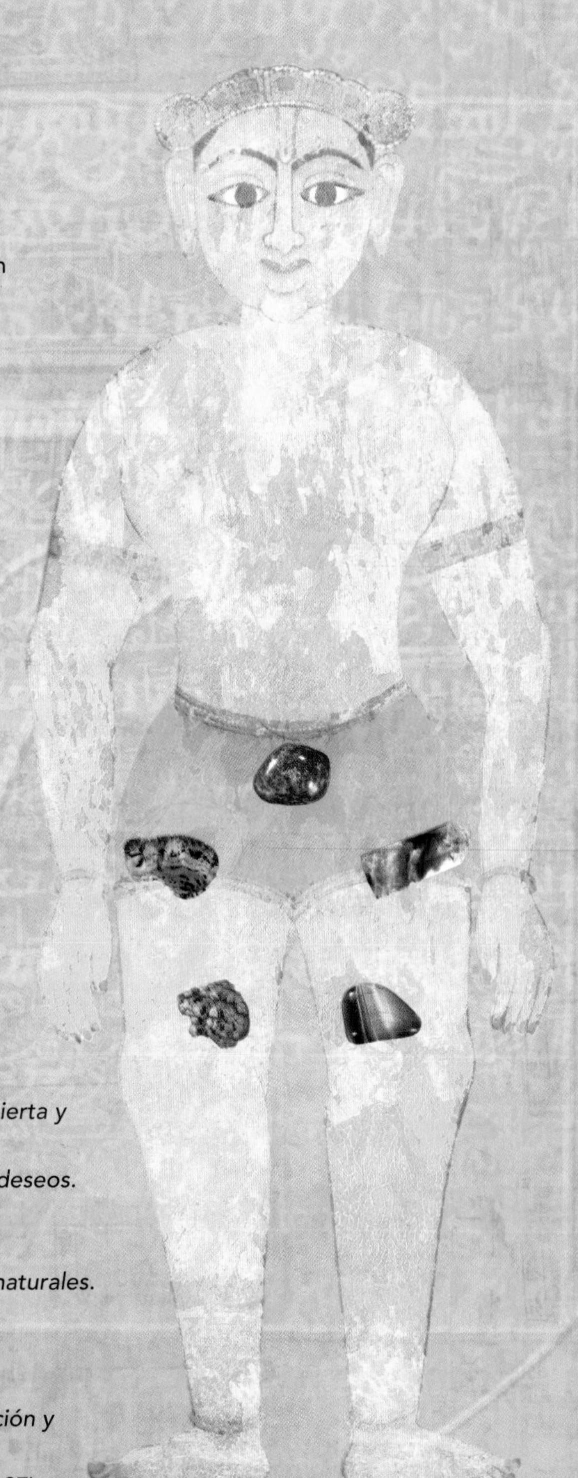

*Enfoca la sanación con los cristales con mente abierta y tómate tiempo para elegir y colocar los cristales, concentrándote al máximo en tus necesidades y deseos.*
- *Elige un lugar cómodo y confortable.*
- *Asegúrate de que no vas a ser interrumpido.*
- *Pon una música suave o una cinta de sonidos naturales.*
- *Enciende incienso o velas aromatizadas.*
- *Lleva ropa suelta.*
- *Ve primero al baño.*
- *Ten a mano un vaso de agua para la rehidratación y enraizamiento posteriores.*
- *Limpia los cristales y sintonízalos (consultar p. 27).*

# MEDITACIÓN: EL CHAKRA DE LA RAÍZ

Antes de empezar elige un momento de tranquilidad y relajación para meditar.

- Siéntate o túmbate delante del altar (consultar pp. 40-41). Deja que los colores, símbolos y asociaciones te inspiren.
- Crea una atmósfera con aceites, velas o inciensos.
- Graba antes las palabras si así lo prefieres. Los puntos suspensivos indican una pausa.

*1. Respira lenta y profundamente por la nariz.*

*2. Tensa cada grupo de músculos por turnos, de los pies a la cabeza... y después relájalos, hundiéndote gradualmente en el suelo o la silla...*

*3. Visualízate en un entorno perfecto. Estás a salvo, cálido y seguro.*

*4. ¿Quiénes son esas personas que te acompañan en este lugar feliz? Reconoce a cada una... Siente que su amor irradia un brillo dorado rojizo que penetra en todas las células de tu ser, llenándote de alegría...*

*5. Imagina a tu madre interior mirándote con benevolencia. Siente que su sonrisa te envuelve como si fuera un manto suave... Ten la certeza de que ella nunca te dejará caer. Forma parte de ti mismo y siempre te protegerá.*

*6. Acércate a tu madre interior. Abrázala, bésala o tómala de los brazos. Disfruta de esa sensación... Emplea el tiempo necesario para que os conozcáis el uno al otro. Disfruta de la sensación de reconocimiento y confianza...*

*7. Permítele que te haga un regalo. Examínalo. Siéntelo, huélelo, admira su color y forma. Si resulta apropiado para ello, pruébalo... Dale las gracias a tu madre y dile que guardarás su regalo como un tesoro. Podrás recordarlo cada vez que te sientas abandonado o convertido en víctima.*

*8. Mientras sostienes tu regalo, siente que la energía del amor de tu madre interior se canaliza hasta tu chakra de la raíz... Imagina este chakra como un loto de cuatro pétalos que gira como una rueda...*

*9. Concéntrate en el movimiento fluido del chakra y en el brillo cálido y rojizo que llena esa parte de tu cuerpo, fluyendo por las piernas para conectarte con la Tierra...*

*10. Disfruta la tranquilizadora sensación de enraizamiento, seguridad y estabilidad antes de volver tu atención al entorno cotidiano.*

## Cuestiones diarias

- ¿Refleja tu casa quién eres realmente? Si no es así, ¿cómo lo puedes cambiar?
- ¿Qué recompensa te has dado hoy? ¿Un regalo, una afirmación, una alabanza?
- ¿Hoy te has concentrado en la abundancia o en la escasez? Haz una lista con las cosas que representan la abundancia (apoyo de la familia, dinero ahorrado).
- ¿Cómo puedes mejorar tu seguridad económica? Haz una lista de los gastos semanales. ¿En qué podrías ahorrar?
- ¿Has perdido contacto con tu familia o amigos? ¿Cómo podrías establecer de nuevo los vínculos? (Que el enfoque sea mediante el amor, no por obligación.)
- ¿Cómo honras tu cuerpo? ¿Sigues una dieta, haces ejercicio y te relajas con regularidad?

## Afirmaciones

- Mi cuerpo es cada vez más importante para mí. Lo nutro constantemente.
- Estoy aceptando la responsabilidad de mi vida. Puedo enfrentarme a cualquier situación.
- Reconozco la abundancia del amor, la confianza y la atención que me rodean.
- Mi madre interior está siempre aquí para protegerme, nutrirme y tranquilizarme.
- Merezco lo mejor que la vida puede ofrecer. Mis necesidades son siempre satisfechas.
- Estoy conectado a la Madre Tierra y conozco la seguridad de estar enraizado en la realidad en cada momento.

# EL CHAKRA DEL SACRO *SVADHISTHANA*

El nombre sánscrito del chakra segundo o del sacro es *Svadhisthana*, que significa «dulzura», y sus asociaciones son todas las cosas que convierten la vida en algo dulce: el placer, la sexualidad, la nutrición, el movimiento y el cambio. El símbolo hindú es un loto de seis pétalos que contiene un círculo blanco, que simboliza el elemento agua, y una Luna creciente de color azul claro dentro de la cual hay un *makara*, cuya cola de pez se enrosca como Kundalini. Esta criatura acuática representa las pasiones y deseos sexuales: que sólo son un peligro cuando son ignorados o reprimidos.

El agua es el elemento del sacro, y su fluidez se corresponde con la vejiga, el sistema circulatorio y los órganos sexuales y reproductores. El chakra del sacro resuena con el color naranja y, situado cerca de los órganos reproductores femeninos, se relaciona con la nutrición, la receptividad y las emociones. La Luna se relaciona también con la creatividad, la energía que eleva a la humanidad desde la supervivencia a la alimentación del alma; de la supervivencia hemos ascendido al «principio del placer». El chakra del sacro nos conduce desde la existencia básica a aquello que hace que la vida merezca ser vivida. En este chakra hay una dualidad, razón por la cual la Luna es creciente, lo que representa la luz visible y la oscuridad. Es la energía tribal de la raíz dividida en los opuestos yin/yang, que sugiere la necesidad de evolucionar más allá del grupo para establecer el propio «ser».

# CORRESPONDENCIAS DEL CHAKRA DEL SACRO

El diagrama del segundo chakra o del sacro proporciona una «referencia rápida» de las inspiraciones que puedes utilizar cuando realices los ejercicios prácticos, como organizar la disposición de tu altar (consultar pp. 54-55) o elegir las piedras apropiadas para el trabajo con cristales (consultar pp. 58-59). También te ayudará en las diversas imágenes que necesitarás para componer tus meditaciones y visualizaciones. Incorpora todos los símbolos y temas que sean apropiados a tus necesidades.

Familiarizarte con este diagrama del chakra, como preludio a la sección de este chakra, te ayudará a mantener la mente centrada en las cuestiones relacionadas. Esto incluye la aceptación del deseo de disfrutar de una vida placentera y de abrazar cualquier cambio que sea necesario para producirlo.

Para que tu chakra del sacro funcione eficaz y placenteramente, debes prepararte atendiendo a ciertos requisitos prácticos (consultar pp. 25 y 59). Encontrar el placer en las actividades de la vida genera el entusiasmo y la energía necesarios para emprender proyectos más creativos, que pueden relacionarse con actividades familiares, de negocios, relaciones o actividades sociales. Esto es lo que te puede aportar el chakra del sacro.

## CARACTERÍSTICAS DEL CHAKRA

Observa con cuáles de las siguientes características de la energía del chakra –excesiva («demasiado abierto»), insuficiente («bloqueado») y equilibrada– te sientes identificado; después, determina (la elección es tuya) las acciones necesarias que debes emprender, utilizando las herramientas y las técnicas descritas en este capítulo.

**Demasiado abierto** (el chakra gira a una velocidad excesiva): emocionalmente desequilibrado, fantasioso, manipulador, adicto al sexo.
**Bloqueado** (el chakra no gira o lo hace con demasiada lentitud): excesivamente sensible, duro consigo mismo, se siente culpable sin razón alguna, frigidez o impotencia.
**Equilibrado** (el chakra mantiene el equilibrio y gira a la velocidad vibratoria correcta): confiado, expresivo, en sintonía con sus sentimientos, creativo.

## EL CHAKRA DEL SACRO

**Nombre sánscrito**
*Svadhisthana*

**Significado**
Dulzura

**Ubicación**
Abdomen inferior, entre el ombligo y los genitales

**Símbolo**
Seis pétalos de color naranja rojizo que contienen una segunda flor de loto y una Luna creciente. Dentro de la Luna está el *makara*, un caimán con cola de pez enroscada

**Color asociado**
Naranja

**Elemento**
Agua

**Planeta dominante**
Plutón

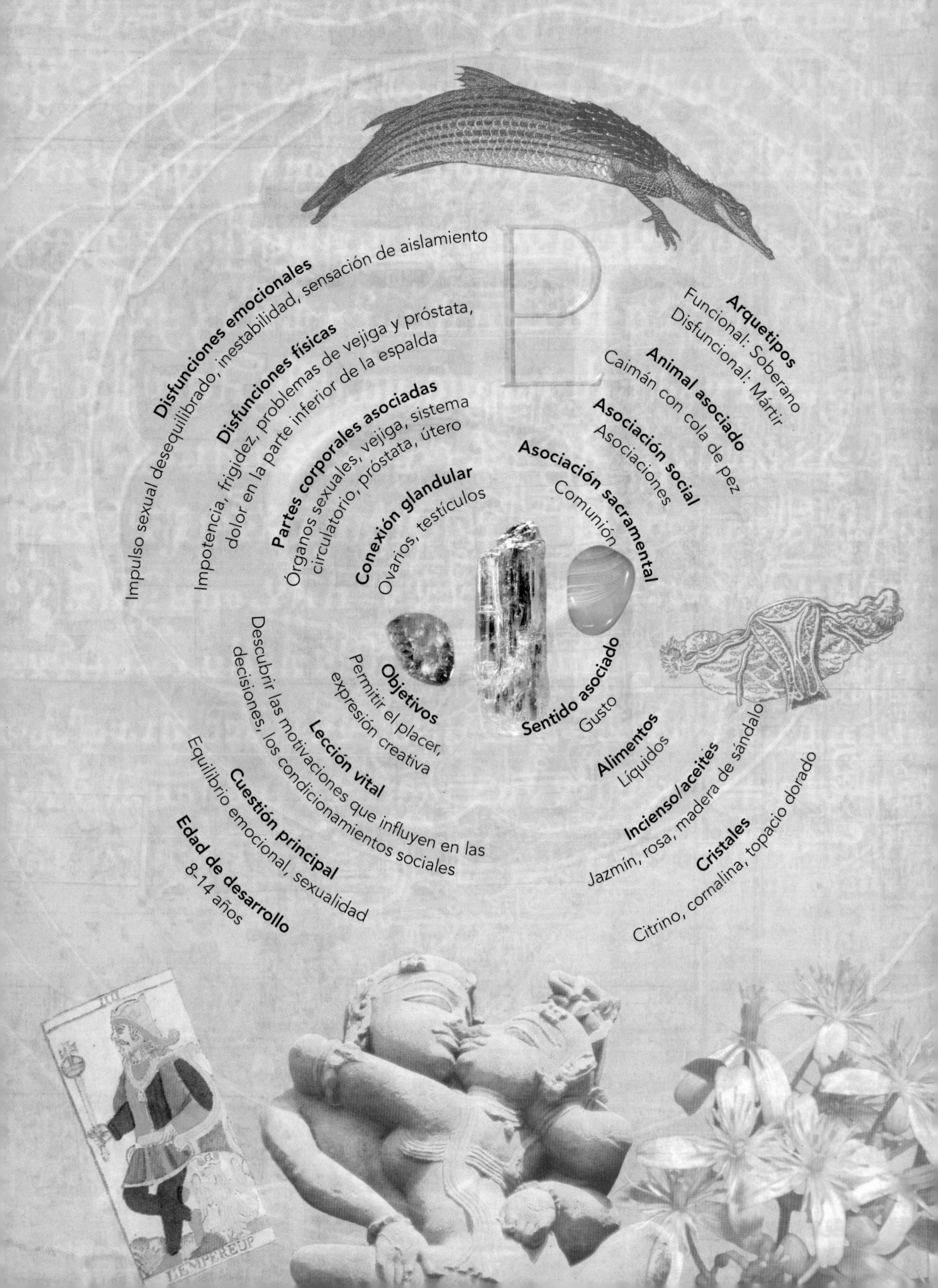
**Disfunciones emocionales**
Impulso sexual desequilibrado, inestabilidad, sensación de aislamiento
**Disfunciones físicas**
Impotencia, frigidez, problemas de vejiga y próstata,
dolor en la parte inferior de la espalda
**Partes corporales asociadas**
Órganos sexuales, vejiga, sistema
circulatorio, próstata, útero
**Conexión glandular**
Ovarios, testículos
**Asociación sacramental**
Comunión
**Asociación social**
Asociaciones
**Animal asociado**
Caimán con cola de pez
**Arquetipos**
Funcional: Soberano
Disfuncional: Mártir
**Sentido asociado**
Gusto
**Alimentos**
Líquidos
**Incienso/aceites**
Jazmín, rosa, madera de sándalo
**Cristales**
Citrino, cornalina, topacio dorado
**Objetivos**
Permitir el placer,
expresión creativa
**Lección vital**
Descubrir las motivaciones que influyen en las
decisiones, los condicionamientos sociales
**Cuestión principal**
Equilibrio emocional, sexualidad
**Edad de desarrollo**
8-14 años

# ARQUETIPOS: EL CHAKRA DEL SACRO

El chakra segundo o del sacro desarrolla los temas del primero o de la raíz acerca de la responsabilidad y la expresión personales. Su arquetipos son el soberano y el mártir, ocupados por nuestras actitudes concernientes a la abundancia y a la medida en que creemos que merecemos disfrutar de la vida. Estas dos asociaciones representan las polaridades del placer y la realización, o del sufrimiento y el sacrificio.

Los mártires tienen menos probabilidad que las víctimas de culpar a las influencias externas por lo que perciben como una vida de sufrimiento, pero comparten la creencia similar de que no merecen nada mejor. El martirio implica estar metido en un pozo de autoconmiseración, sin motivos para cambiar las actitudes negativas que contribuyen a esa situación. La vida de los mártires está sumergida en una sensación de carencia que da la justificación para no cambiar de creencias y conductas, porque no hay suficiente buena fortuna en el mundo y les ha tocado vivir la situación más difícil. Por eso gimen y se quejan, pero no emprenden acción alguna. Más que el deseo activo de cambio y desarrollo, tienen una aceptación pasiva de la vida. Sin la apropiada consideración de los deseos y de las necesidades personales, las madres suelen convertirse en mártires.

INFELICIDAD MERECIDA
La autoflagelación mental de los mártires procede de la creencia de que merecen toda la infelicidad y desgracia que se pone en su camino. Muchos grupos religiosos y sociedades occidentales estimulan esa creencia con mensajes como éstos: «La vida es dura», «Sólo conseguirás lo que quieras mediante el sacrificio y el trabajo duro» y «Piensa en los demás en lugar de en ti mismo».

El lado positivo de esta moneda es el soberano: el arquetipo de aquellos que permiten que las cosas buenas de la vida formen parte de su experiencia cotidiana. Son personalidades magnéticas con las que todo el mundo disfruta, en contraste con los mártires, que irradian sentimientos de culpa. Estos individuos no llevan necesariamente una vida encantada, sino, simplemente, cuando se enfrentan a una situación de desafío ven las oportunidades positivas para el crecimiento y el desarrollo. Se enfrentan contentos a lo duro que hay siempre en las situaciones buenas, con el conocimiento de que la vida tiene matices de luz y oscuridad, de positivo y negativo, de bueno y de malo. Saben que el invierno conduce siempre a la primavera. Su mundo interior, más desarrollado, les concede permiso para disfrutar de lo que han logrado. Nutrir sus propios deseos es una máxima prioridad para los soberanos de este mundo. Para ellos la vida es abundancia y, como cualquier otro, creen merecer su parte de las bellezas y recompensas

que les rodean, incluyendo el disfrute sexual. Para ellos el sexo es algo que hay que celebrar y disfrutar, no esa actividad pecaminosa relegada por muchas culturas occidentales. Afrontando creativamente su sexualidad, los soberanos logran la plenitud en esta importante área de sus vidas. Como siempre se fijan en los beneficios y no en las desventajas, tienden a encontrar qué es exactamente lo que la vida les ofrece.

### EL SOBERANO

Estos individuos no son necesariamente más afortunados que los demás, pero si salen al campo regresarán a casa con flores, briznas de hierba y mariposas, en lugar de con basura, excrementos de perro y hormigas.

### EL MÁRTIR

Los mártires disfrutan con la autoconmiseración; son el «pobre de mí» de la sociedad. Hacen lo que consideran sacrificios por los demás, pero creen que raramente son apreciados o incluso reconocidos.

*Realizando la meditación, las cuestiones diarias y las afirmaciones de las páginas 60-61, podrás explorar el tema de la pasión en todas las áreas de tu vida y romper los grilletes del martirio que puedan estar reprimiéndote.*

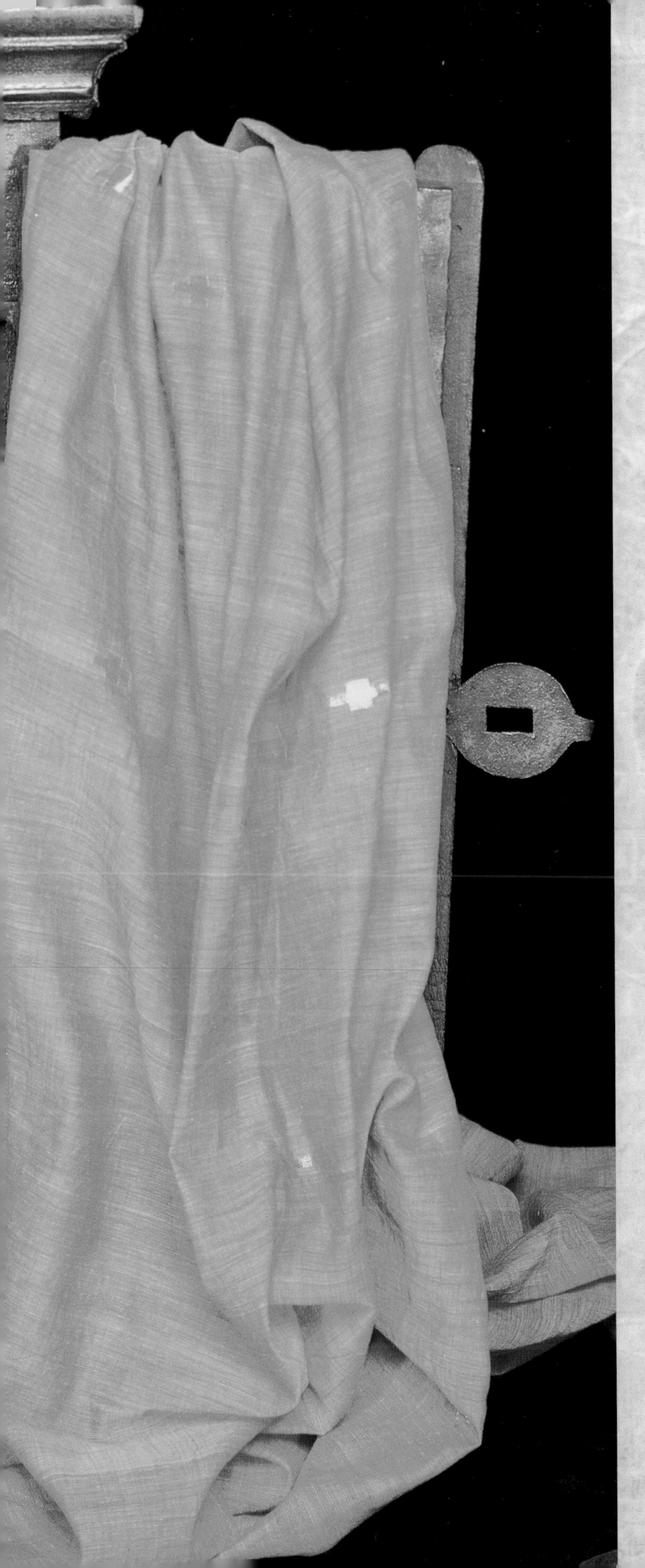

## Altar: El chakra del sacro

Bárbara creó este altar para ayudar a estabilizar y fortalecer un chakra del sacro disfuncional después de que sus relaciones con Juan hubieran tocado fondo de la manera más difícil. Bárbara se sentía aislada, a pesar de haber estado con Juan durante seis años. Acosada por el recuerdo de los flirteos de su padre, Bárbara buscaba constantemente indicios de que Juan le fuera infiel, lo que él negaba siempre. Ese vaivén emocional estaba teniendo un impacto negativo sobre su vida sexual, lo que a su vez afectaba a su trabajo. Inspirada por un amigo para cambiar su negatividad y autoconmiseración, Bárbara incorporó los elementos siguientes:

- Vela de color naranja, para la dulzura en las relaciones
- Espejo en forma de corazón para reflejar el retorno del amor al ser
- Cuaderno personal forrado de color naranja que contenía poemas de amor
- El número de la suerte de Bárbara: el tres
- Un juguete infantil, como indicador del placer y la diversión
- Una grabación de canciones de amor
- Delfines, una estrella de mar de color naranja y un caballito de mar: todos símbolos acuáticos, el elemento clave del sacro
- Una foto de Bárbara y Juan
- Un anillo de ámbar, un collar de piedras naranjas y un topacio dorado
- Los arquetipos del soberano y el mártir
- Plumas anaranjadas para la sensualidad
- Perfume de jazmín
- Un tejido de seda naranja que se había traído de unas vacaciones que pasó felizmente con Juan

*Este altar es el intento de Bárbara de trabajar el chakra del sacro. Es un caso propuesto para la inspiración. Elige los objetos que tengan un significado personal.*

# EJERCICIOS: EL CHAKRA DEL SACRO

Procura no inhibirte cuando realices estos ejercicios, ambos pensados para estimular el chakra del sacro. Si crees que te puedes sentir incómodo o vulnerable haciendo el ejercicio del balanceo pélvico (en la otra página), asegúrate de estar en algún lugar privado, haz un esfuerzo mental decidido por disfrutar... ¡y piensa en Elvis Presley o Michael Jackson!

1. Tumbado de espaldas con los brazos formando un ángulo de 45 grados con el cuerpo. Flexiona las rodillas y acerca los pies al área genital todo lo que puedas, sintiéndote cómodo. Deja caer las rodillas hacia los lados, estirando la zona interior de los muslos.

2. No te preocupes si las rodillas no tocan el suelo; todo dependerá de tu edad y flexibilidad. Simplemente, mantén esa sensación de apertura y siéntete cómodo con ella sin forzar el cuerpo para que no haga nada que no desea.

3. Junta las rodillas y elévalas hacia el pecho. Rodéalas con los brazos y deja que éstos presionen las piernas hacia dentro.

4. Concéntrate primero en la parte inferior de la espalda y procura apretarte suavemente contra el suelo. Lleva después la atención a la pelvis y presiona la parte final de la columna vertebral contra el suelo de manera que, al cambiar tu concentración de un lugar a otro, vayas produciendo un suave movimiento de balanceo. Imagina que un líquido templado de color naranja se mueve en tu interior y proporciona un masaje al área del sacro.

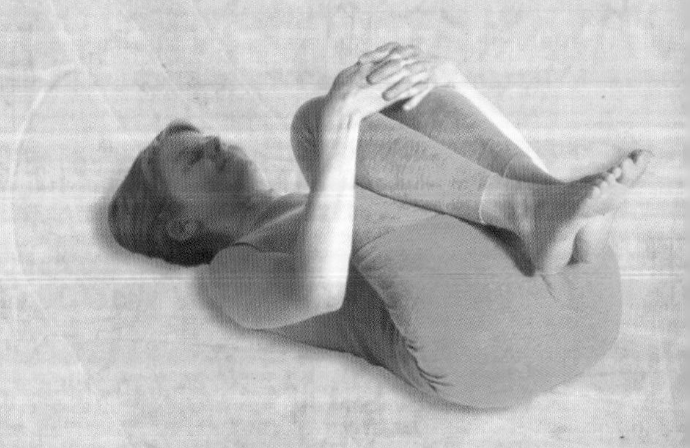

## Ejercicio del balanceo pélvico

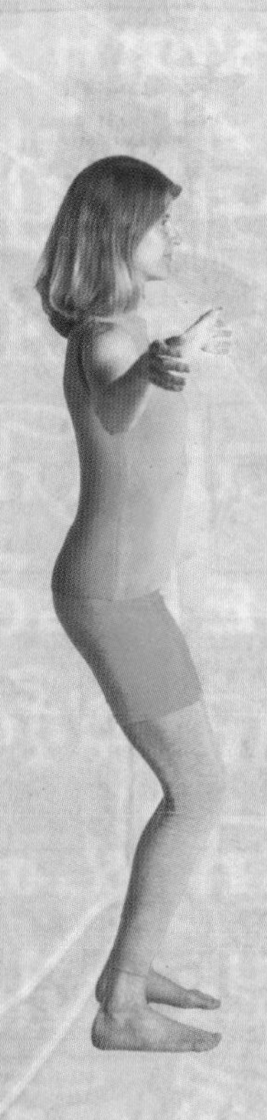

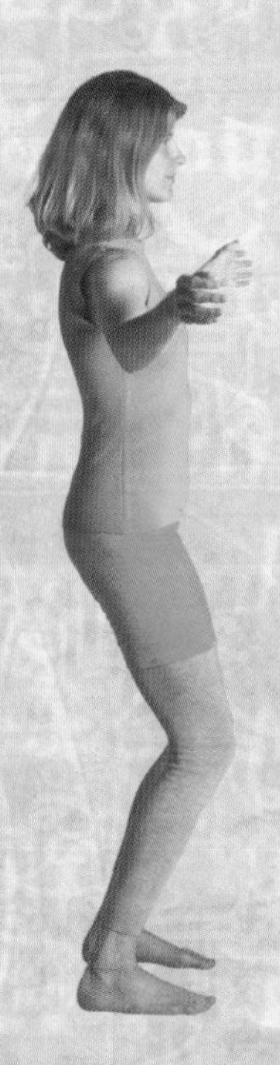

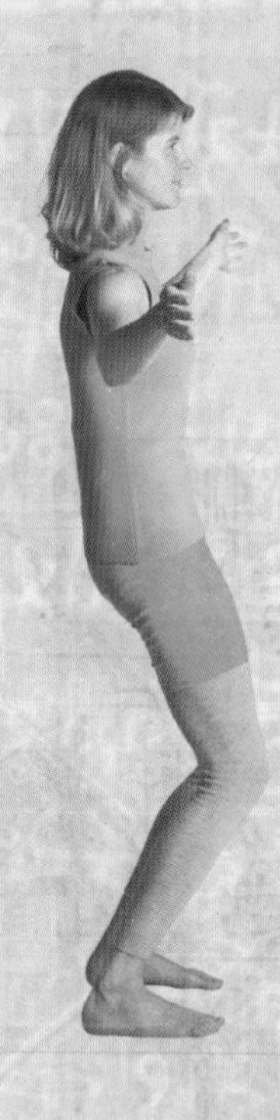

1. De pie, con los pies separados al nivel de los hombros, las rodillas ligeramente dobladas y los brazos extendidos lo que puedas para mantenerte en equilibrio.

2. Inclina la pelvis –el área que hay entre tus caderas y el abdomen inferior– hacia atrás, manteniendo inmóvil el resto de tu cuerpo.

3. Lleva la pelvis hacia delante en un movimiento oscilante. Cuando hayas entendido bien el ejercicio, podrás balancear la pelvis rítmicamente en un movimiento continuo, mientras concentras tu mente en el giro fluido de un disco naranja situado en el chakra del sacro.

# CRISTALES CLAVE: EL CHAKRA DEL SACRO

Los cristales aquí sugeridos mejoran los objetivos de estabilidad emocional, expresión creativa y experiencia placentera de la vida que están relacionados con este chakra. La asociación con la gama de color es bastante imprecisa. Las sugerencias varían desde los brillos plateados y pálidos de la adularia a los tonos dorados y ámbar del topacio, citrino y cornalina. (Para obtener información sobre la sanación con cristales, consultar también las pp. 26-27.)

## CITRINO

Un miembro de color ámbar o marrón amarillento pálido de la familia del cuarzo que estimula la apertura necesaria para enfrentarse al estancamiento emocional en las relaciones. Ayuda a mantener y desarrollar la madurez emocional, particularmente la de aquellos que están experimentando periodos de inestabilidad en su vida emocional.

## CORNALINA

Una calcedonia de color rojo anaranjado que ayuda a estimular la iniciativa y elimina la apatía y la pasividad. Particularmente útil para fomentar la energía física necesaria para actuar en las circunstancias que emocionalmente constituyen un desafío. También se dice que ayuda a disipar la pena del ego emocional.

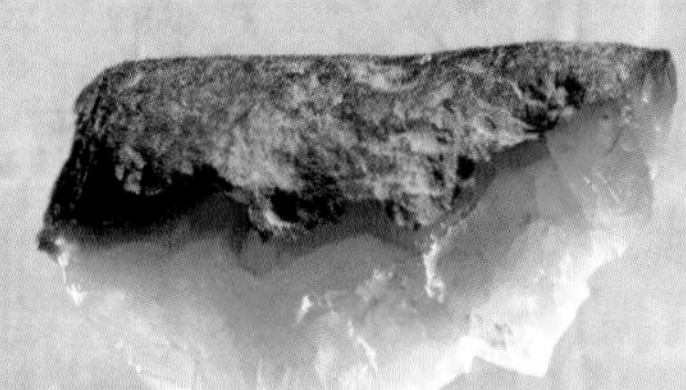

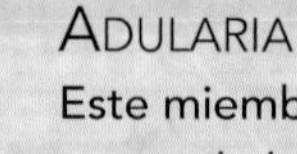

## ADULARIA

Este miembro de brillo lechoso del grupo de los feldespatos suele ser de color plateado, blanco o carecer de color. Ayuda a mejorar tu mitad femenina. Entre sus beneficios se incluyen la relajación de las emociones, por lo que podrás tener una visión más objetiva de la situación y equilibrar el exceso de sensibilidad. También se dice que despierta un gran sentimiento de ternura y compasión hacia ti.

## CUARZO RUTILADO

Los cristales de cuarzo son una herramienta muy valiosa en cualquiera de los chakras. Esta forma específica contiene unos cristales de rutilo semejantes a agujas que dan a la piedra su apariencia única. Como tal, combina los beneficios del cuarzo para la meditación, el desarrollo espiritual y la sanación con los del rutilo, un cristal que se dice ayuda a estabilizar las relaciones y desequilibrios emocionales.

## TOPACIO DORADO

Un valioso cristal para estimular activamente los tres primeros chakras. Usado en el chakra del sacro, el topacio dorado favorece la paz interior y la claridad del espíritu, y te ayuda además a adoptar una perspectiva nueva en los problemas. Se considera también como una «batería» que ayuda a dar energía a aquellos que están bajos de ella física, mental o emocionalmente.

BÁRBARA (consultar también pp. 54-55)
Esta distribución fue utilizada por Bárbara, quien había acordado con su sanador abordar los problemas profundos concernientes a la falta de madurez emocional antes de pasar a tratar las cuestiones relacionadas con su compañero. Por tanto, su modelo se componía de un diseño sobre el área del sacro que sólo utilizaba piedras de citrino. En primer lugar, Bárbara dejaba en suspenso su mano sobre los cristales, con los ojos cerrados, y sentía cualquier «atracción» hacia piedras determinadas. Esto era un signo de que la vibración de esos cristales sintonizaba con la resonancia corporal de Bárbara. Debía visualizar un líquido templado y anaranjado que recorría el área del sacro, disolviendo los miedos sobre la infidelidad masculina y ayudándola a reconocer que las experiencias pasadas no tienen que impactar necesariamente en el presente..., a menos que uno mismo lo permita.

*Aborda la sanación con cristales con mentalidad abierta y tómate el tiempo necesario para elegirlos y situarlos de acuerdo con tus propias necesidades y deseos.*

- *Elige un lugar cálido y confortable.*
- *Asegúrate de que no van a interrumpirte.*
- *Pon música suave o sonidos naturales.*
- *Quema incienso o velas aromatizadas.*
- *Lleva ropa suelta.*
- *Ve al baño primero.*
- *Ten un vaso de agua para rehidratarte y enraizarte después.*
- *Limpia y sintoniza los cristales (consultar p. 27).*

# MEDITACIÓN: EL CHAKRA DEL SACRO

Antes de empezar elige un momento de tranquilidad y relajación para meditar.

- Siéntate o túmbate delante del altar (consultar pp. 54-55). Deja que los colores, símbolos y asociaciones te inspiren.
- Crea una atmósfera con aceites, velas o inciensos.
- Graba antes las palabras si así lo prefieres. Los puntos suspensivos indican una pausa.

*1. Mientras estás tumbado e inmóvil, toma conciencia de los cambios y movimientos que prosiguen en tu cuerpo..., los latidos del corazón..., la sangre fluyendo por el cuerpo..., la actividad celular que invisiblemente rejuvenece todo tu ser. Todo tu aliento celebra la vida..., te nutre con todo lo que necesitas para una vida saludable y gozosa.*

*2. Concéntrate en el movimiento suave de tu abdomen al respirar. Imagina que se llena de un brillo cálido y anaranjado que representa la alegría y la vitalidad, de las que dispones en abundancia...*

*3. Trae a tu mente una experiencia placentera... Utiliza todos los sentidos para recuperar ese momento ahora mismo... Recuerda cómo te sentías..., los colores que te rodeaban..., las texturas..., formas..., sonidos..., olores..., gustos...*

*4. Traslada esa imagen a tu abdomen, que se inundará de ese brillo cálido y anaranjado, ampliando la experiencia y haciéndola todavía más satisfactoria y gozosa... Entrega tu cuerpo a los placeres de ese momento..., algo que mereces experimentar todos los días de tu vida, y que puedes volver a tener cada vez que pienses en ello...*

*5. Mantén la seguridad de que tu vida puede ser una sucesión de experiencias maravillosas y beneficiosas si decides que así sea... Toma la determinación de buscar las oportunidades, el amor, la alegría y la diversión en todo lo que hagas hoy. Te lo mereces.*

## Cuestiones diarias

- ¿Hasta qué punto estás dispuesto a aceptar el cambio? Cambia hoy mismo algo pequeño.
- ¿Eres creativo sexualmente? Habla de tus fantasías con tu pareja.
- ¿Qué sacrificios haces por los demás? Las relaciones disfuncionales son perjudiciales para ambos. Intenta decir «no» la próxima vez. No lo expliques.
- ¿Respetas tu lado masculino y también el femenino? Está muy bien ser enérgico un día y suave el siguiente. Las situaciones diferentes requieren respuestas distintas.
- ¿Es mejor dar que recibir? Acepta con placer los regalos y da a los demás algo a cambio. ¿Les estás negando la alegría de regalar?
- ¿Crees que para que tus deseos se cumplan primero tienes que hacer un sacrificio? Concéntrate en alguien para quien la vida es dulce. Intenta «ser su reflejo». ¿Has hecho algún cambio en tus creencias?

## Afirmaciones

- Me estoy dirigiendo a una época en la que soy totalmente feliz. La vida me ofrece todo lo que necesito para ese viaje.
- Soy digno del amor y del placer sexual.
- Tengo derecho a expresar mis deseos ante mí y los demás.
- Ser quien soy es lo bastante bueno.
- La vida se despliega de manera perfecta.
- Estoy dispuesto a honrar mi cuerpo y sentirme bien con mi sexualidad.

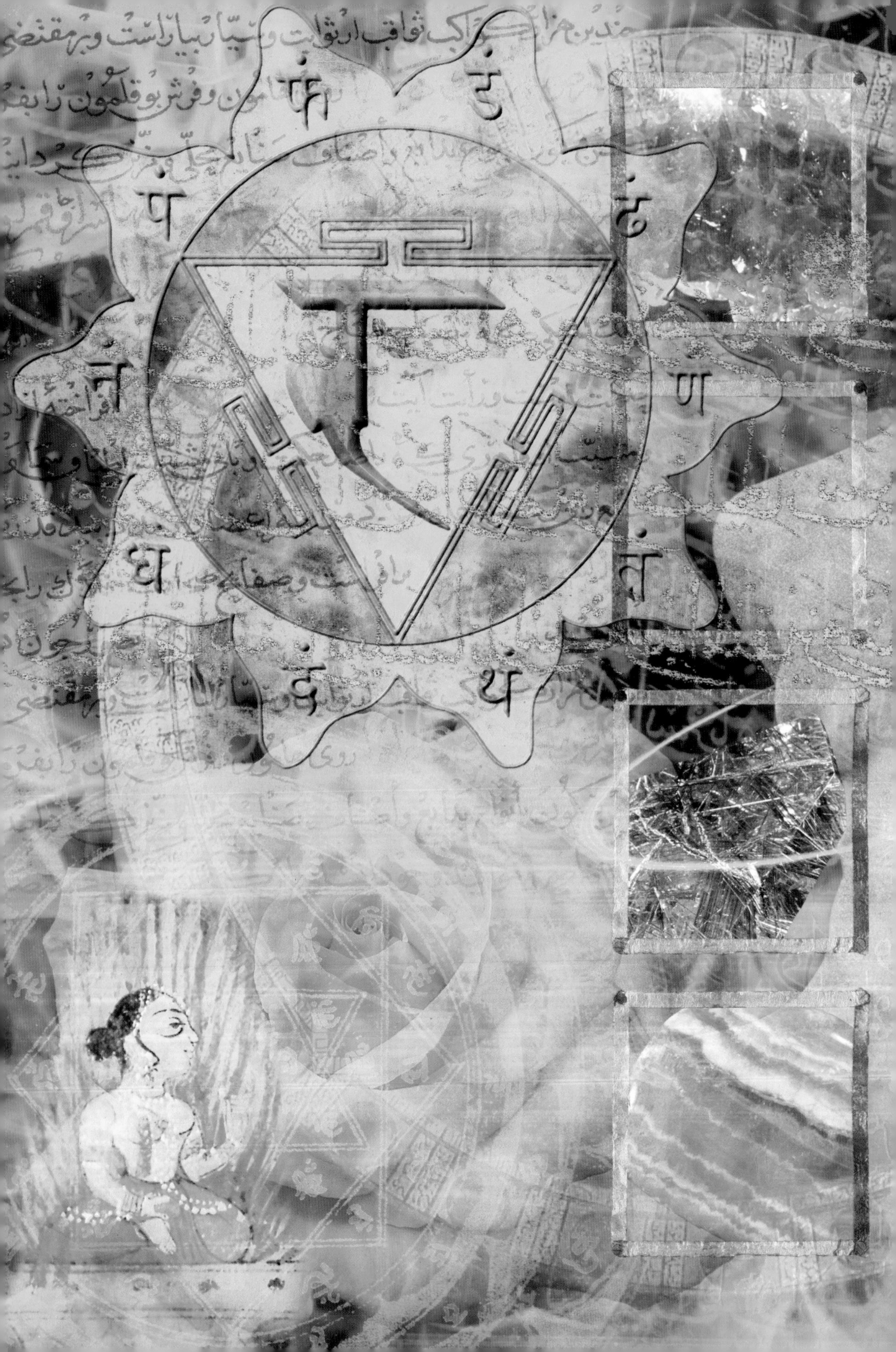

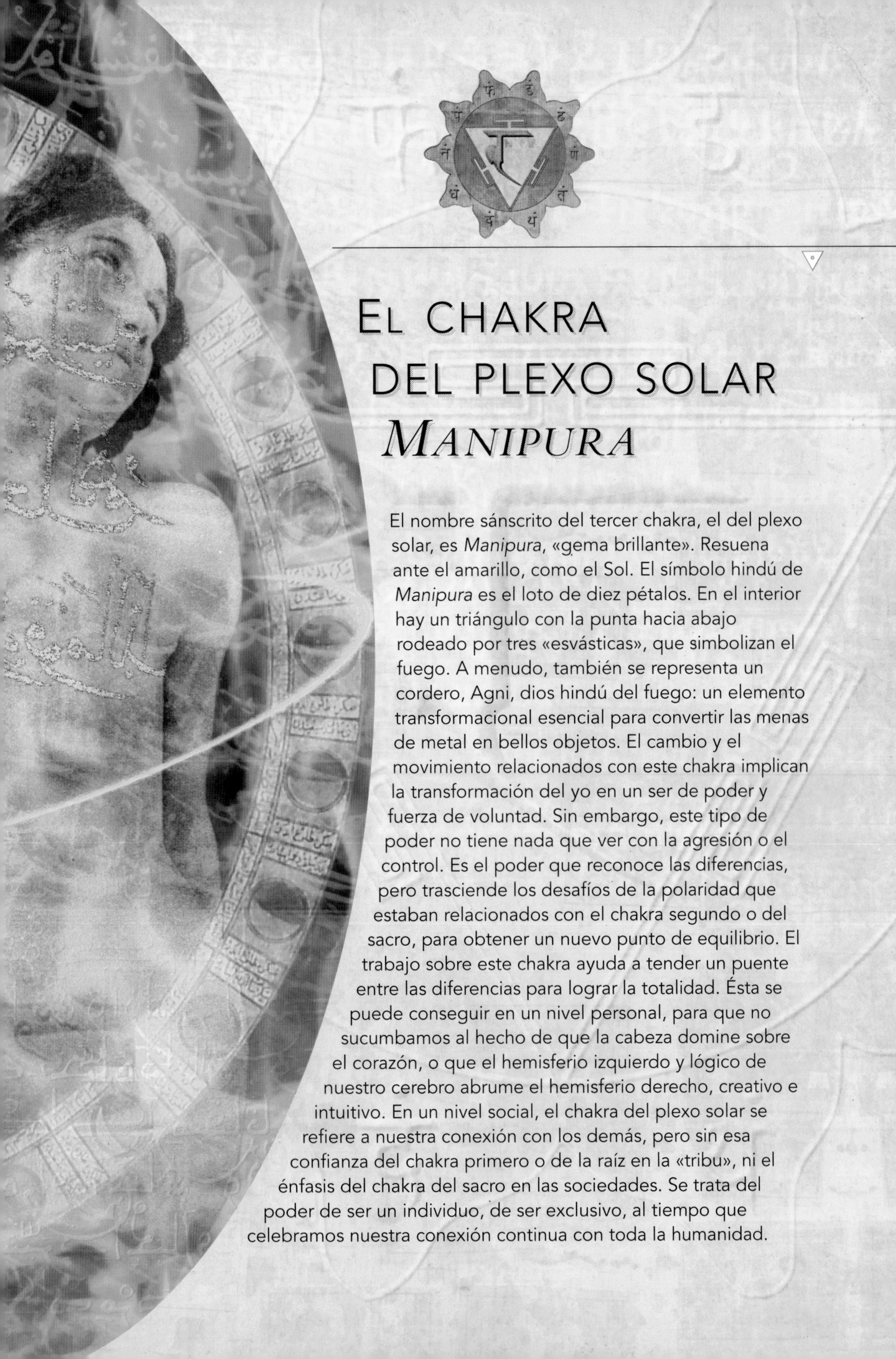

# EL CHAKRA DEL PLEXO SOLAR *MANIPURA*

El nombre sánscrito del tercer chakra, el del plexo solar, es *Manipura*, «gema brillante». Resuena ante el amarillo, como el Sol. El símbolo hindú de *Manipura* es el loto de diez pétalos. En el interior hay un triángulo con la punta hacia abajo rodeado por tres «esvásticas», que simbolizan el fuego. A menudo, también se representa un cordero, Agni, dios hindú del fuego: un elemento transformacional esencial para convertir las menas de metal en bellos objetos. El cambio y el movimiento relacionados con este chakra implican la transformación del yo en un ser de poder y fuerza de voluntad. Sin embargo, este tipo de poder no tiene nada que ver con la agresión o el control. Es el poder que reconoce las diferencias, pero trasciende los desafíos de la polaridad que estaban relacionados con el chakra segundo o del sacro, para obtener un nuevo punto de equilibrio. El trabajo sobre este chakra ayuda a tender un puente entre las diferencias para lograr la totalidad. Ésta se puede conseguir en un nivel personal, para que no sucumbamos al hecho de que la cabeza domine sobre el corazón, o que el hemisferio izquierdo y lógico de nuestro cerebro abrume el hemisferio derecho, creativo e intuitivo. En un nivel social, el chakra del plexo solar se refiere a nuestra conexión con los demás, pero sin esa confianza del chakra primero o de la raíz en la «tribu», ni el énfasis del chakra del sacro en las sociedades. Se trata del poder de ser un individuo, de ser exclusivo, al tiempo que celebramos nuestra conexión continua con toda la humanidad.

# CORRESPONDENCIAS DEL CHAKRA DEL PLEXO SOLAR

Este diagrama del tercer chakra o del plexo solar identifica las asociaciones y simbolismos vinculados con este chakra. Como tal, proporciona una «referencia rápida» de los temas de inspiración que has de utilizar cuando realices los ejercicios prácticos, como montar tu altar (consultar pp. 68-69) o elegir las piedras apropiadas para el trabajo con cristales (consultar pp. 72-73). Este diagrama también te ayudará con las diversas imágenes que necesitarás para realizar tus meditaciones y visualizaciones. Incorpora todos los símbolos y temas que te parezcan apropiados para tus necesidades.

La visualización regular de este diagrama del chakra, como preludio de la sección del chakra del plexo solar, te ayudará a concentrar la mente en las cuestiones con él relacionadas. Entre éstas se incluye el desarrollo de tu autoestima como paso previo para obtener el auténtico poder personal.

Para que tu viaje por los chakras sea placentero y obtenga sus objetivos, debes prepararte prestando atención a determinados preliminares (consultar pp. 25 y 73). Mediante el fortalecimiento y estímulo del chakra del plexo solar, alcanzarás un estado en el que podrás eliminar el miedo al rechazo, a las críticas, y te separarás del grupo y crearás tu identidad propia y exclusiva. Ésta se fundamenta en la aceptación de ti mismo, en el respeto por ti mismo, y en la capacidad de aceptar riesgos con el conocimiento de que puedes manejar cualquier situación a la que te enfrentes. Es el auténtico poder personal interior.

## CARACTERÍSTICAS DEL CHAKRA

Observa con cuáles de las siguientes características de la energía del chakra –excesiva («demasiado abierto»), insuficiente («bloqueado») y equilibrada– te sientes identificado; después, determina (la elección es tuya) las acciones necesarias que debes emprender, utilizando las herramientas y las técnicas descritas en este capítulo.

**Demasiado abierto** (el chakra gira a una velocidad excesiva): cólera, excesivo control, adicción al trabajo, expresas juicios sobre los demás y te muestras superior.
**Bloqueado** (el chakra no gira o lo hace lentamente): te preocupa lo que los demás piensan, tienes miedo de estar solo, inseguro, necesitas que te confirmen constantemente.
**Equilibrado** (el chakra se mantiene en equilibrio y gira a la velocidad vibratoria correcta): te respetas a ti mismo y a los demás, tienes poder personal, espontaneidad, desinhibición.

## EL CHAKRA DEL PLEXO SOLAR

**Nombre sánscrito**
*Manipura*

**Significado**
Gema brillante

**Ubicación**
Entre el ombligo y la base del esternón

**Símbolo**
Una flor de loto de diez pétalos que contiene un triángulo con la punta hacia abajo rodeado por tres esvásticas en forma de T, símbolo hindú del fuego

**Color asociado**
Amarillo

**Elemento**
Fuego

**Planetas dominantes**
Marte, Sol

**Conexión glandular**
Páncreas

**Partes corporales asociadas**
Sistema digestivo, músculos

**Disfunciones físicas**
Úlceras de estómago, fatiga crónica, problemas digestivos, alergias, diabetes

**Disfunciones emocionales**
Necesitas tener el control, demasiado sensible a las críticas, personalidad adictiva, agresividad, baja autoestima

**Arquetipos**
Funcional: Guerrero espiritual
Disfuncional: Esclavo del trabajo

**Animal asociado**
Cordero

**Asociación social**
Exclusividad e individualidad

**Asociación sacramental**
Confirmación

**Sentido asociado**
Vista

**Alimentos**
Carbohidratos complejos (féculas)

**Incienso/aceites**
Vetiver, rosa, bergamota, ylang ylang, canela, clavel

**Cristales**
Citrino amarillo, topacio, cuarzo venturina, piedra solar

**Objetivos**
Propósito, eficacia, resistencia, respeto por uno mismo

**Lección vital**
Autoestima, autoconfianza, el valor para aceptar riesgos, para ser uno mismo

**Cuestión principal**
Poder personal, fuerza de voluntad

**Edad de desarrollo**
14-21 años

# ARQUETIPOS: EL CHAKRA DEL PLEXO SOLAR

Mientras que los dos primeros chakras se interesaban por nuestras relaciones externas –el primer chakra o de la raíz por la mente de grupo y el segundo o del sacro por las relaciones específicas–, el tercer chakra o del plexo solar tiene un enfoque más profundo: nuestra relación con nosotros mismos. La manera en la que podemos demostrar nuestra autoestima y poder personal se representa en los arquetipos asociados con este chakra: el esclavo del trabajo y el guerrero espiritual.

El esclavo del trabajo no es tan disfuncional como la víctima o el mártir de los dos primeros chakras, pero continúa el tema de la falta de reconocimiento y de recompensa. Los esclavos del trabajo ponen la responsabilidad de su felicidad en someterse a los demás y depender de ellos. Por lo común, sólo pueden considerar que son amados por lo que hacen, no por quienes son. Por ello, inconscientemente, buscan relaciones que refuercen esa opinión. De ahí que el arquetipo del esclavo del trabajo puede vincularse a compañeros dominantes y desafiantes (a menudo violentos y déspotas), o trabajen con colegas cuya importancia se vea aumentada por rodearse de esclavos del trabajo, fácilmente manipulables y que acostumbran a no aparentar. Desgraciadamente, la aprobación exterior que los esclavos del trabajo buscan desesperadamente no llega, porque sólo la encuentran si aprenden a honrarse y valorarse. Su canto interior, «no soy digno», necesita ser eliminado para dar voz a un sentido auténtico de la autoestima.

En contraste directo con el anterior, el arquetipo del guerrero espiritual es el héroe o la heroína que actúan instintivamente en sus relaciones con los demás, y siempre desde una posición de igualdad. El chakra del plexo solar está asociado con el sistema digestivo. Cuando ignoramos, rechazamos o reprimimos nuestra sensibilidad psíquica, esto puede producir bloqueos en esa área produciendo un peso excesivo en la zona central del cuerpo, problemas digestivos y úlceras de estómago.

Al enfrentarse al conflicto o el rechazo constante, los guerreros espirituales del mito y de la leyenda se vieron obligados a mirar en su interior para dar un sentido a aquella serie de circunstancias y entender su significado. Es un arquetipo realmente poderoso cuando una filosofía espiritual de crecimiento y desarrollo, a través del enfrentamiento a los

MITOS Y LEYENDAS

**El cuento de hadas de Cenicienta y su relación con sus dos feas hermanastras es un ejemplo de la mentalidad del esclavo del trabajo en acción. En los cuentos, el guerrero espiritual es el pobre que se enfrenta a un rey, o el caballero que se enfrenta al poder de los brujos. El relato mitológico de los trabajos de Hércules es un ejemplo evidente. En esas historias, la lógica y la razón se representan en conjunción con las capacidades «psíquicas», conocidas como «pálpitos» o sentimientos «instintivos».**

obstáculos de la vida, se combina con una actuación íntegra, aunque esas acciones resulten impopulares o inexplicables para los demás. Los atributos de este arquetipo funcional son los precursores del poder del amor, que está conectado con el siguiente chakra de nuestro viaje: el del corazón. Porque sólo si nos amamos y honramos verdaderamente podemos esperar comportarnos con los demás con amor y compasión.

### El guerrero espiritual

El poder del guerrero espiritual está en la fuerza interior, atemperada por una creencia de que la guía procede de una fuerza divina. Esta fuerza se refina al enfrentarse a los desafíos externos y superarlos.

### El esclavo del trabajo

Una mentalidad semejante depende de la aprobación y el reconocimiento de los demás, pues inviste a todos los otros con las cualidades y el poder que desearía tener para sí misma (que ciertamente tiene, aunque no sea capaz de reconocerlo).

*La meditación, las cuestiones diarias y las afirmaciones (pp. 74-75) prosiguen estos temas y te ayudan a liberarte de las tendencias serviles del esclavo del trabajo y a aceptar la fuerza interior del guerrero espiritual.*

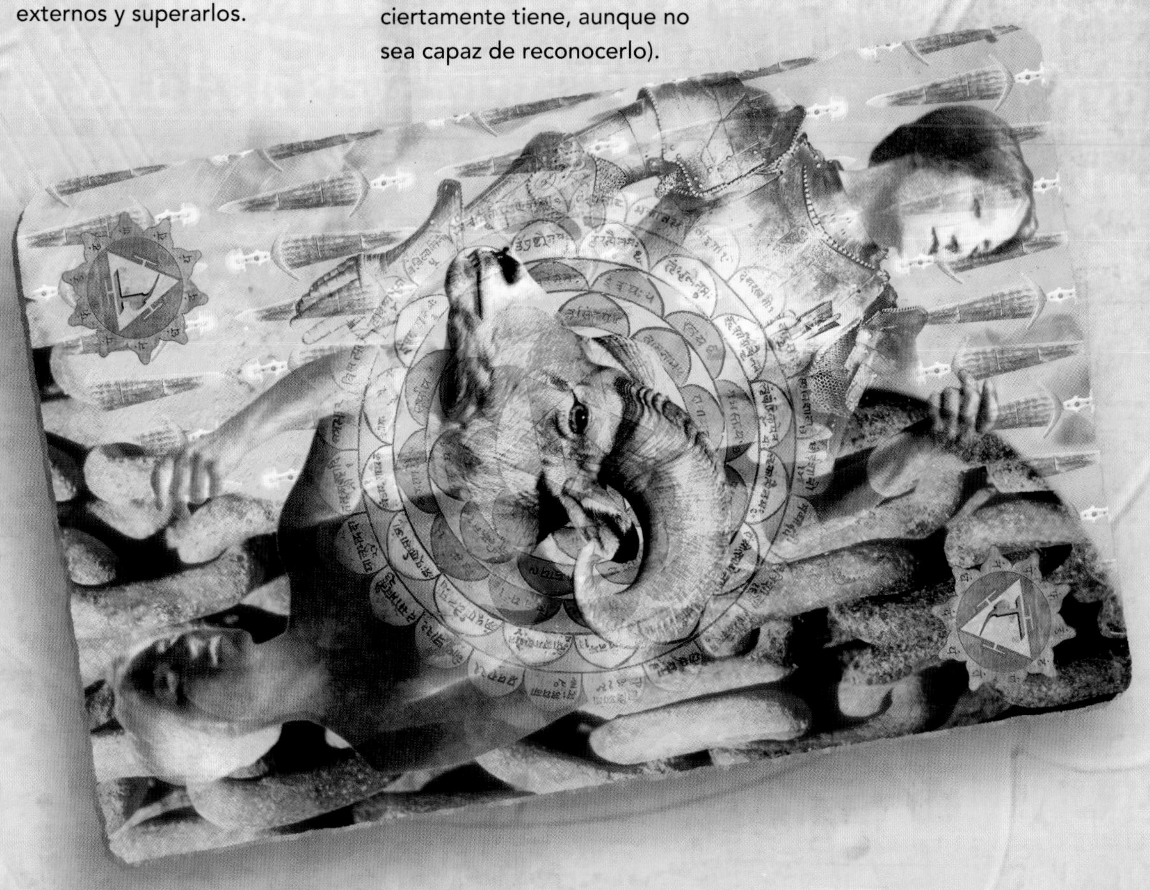

## ALTAR: EL CHAKRA DEL PLEXO SOLAR

A Gina no le gustaba haberse convertido en una adicta del trabajo y estaba decidida a superar su necesidad de controlarlo todo. Se había dado cuenta de que por causa del trabajo algunas áreas de su vida estaban «cerradas». La situación llegó al punto culminante cuando no fue ascendida porque el trabajo en equipo de su grupo era pobre. Gina reconoció que su miedo a delegar estaba motivado por su necesidad de dominar. Su búsqueda de poder estaba basada en una falta de confianza subyacente, por lo que se había construido una actitud agresiva para enfrentarse a ello. Carecía de vida personal, por causa del tiempo que pasaba en el trabajo. Se sentía constantemente agotada y tenía un síndrome recurrente de intestinos irritables. Impulsada por un sentimiento nuevo de finalidad, Gina reunió los elementos siguientes:

- Una ropa amarilla dorada comprada en un reciente viaje de negocios
- Una taza que tenía un dibujo de Aries
- Un libro de autoayuda para adictos
- Un programa grabado en cinta que la ayudara a desarrollar trabajos en equipo
- Sus metas y objetivos para el año siguiente, escritos sobre papel dorado
- Un libro de cocina con recetas sencillas para personas que viven solas
- Un candelabro dorado en forma de Sol con velas amarillas
- Un trozo grande de citrino para concentrarse en las meditaciones de autoestima
- Un acuario pequeño al estilo Feng Shui con peces de colores

*El altar es el intento de Gina de trabajar el chakra del plexo solar. Es un caso propuesto como inspiración. Elige aquellos objetos que tengan un significado personal para ti.*

# Ejercicio: el chakra del plexo solar

En este paseo con visualización en el que nos concentraremos en la suavidad y fluidez de nuestros movimientos, el cuerpo «sigue» al plexo solar, por lo que debes elegir un área que sea lo bastante grande para que te muevas en ella con facilidad, pero en la que no seas distraído ni interrumpido. Lleva una ropa confortable en un entorno templado. Pon música suave si no te distrae en las visualizaciones. Quizá te ayude cerrar los ojos, pero asegúrate de que no haya objetos con los que puedas tropezar.

1. Erguido, con los pies al nivel de los hombros y las manos sobre el plexo solar. Visualiza una esfera de color amarillo dorado que vibra bajo las palmas de las manos, radiante de luz y energía. Siente que ese brillo amarillo se extiende desde el chakra del plexo solar hasta el resto del cuerpo. Toma conciencia del poder que tienes ahora a tu disposición, desde el extremo de la cabeza hasta las puntas de los dedos de los pies.

2. Manteniendo todavía esta visión en tu ojo mental, deja que tu plexo solar dirija el movimiento del cuerpo, como si hubiera allí una bola de luz tratando de escapar del área estomacal. Deja que espontáneamente guíe tus movimientos por la habitación durante unos minutos. Manteniendo la columna recta, deja que los brazos oscilen a los costados y gira el cuerpo para seguir su movimiento. Prosigue con el movimiento mientras intuitivamente sigues la dirección en la que tu plexo solar quiere llevarte.

3. Reconoce cualquier pensamiento inhibido que entre en tu cabeza, pero déjalo pasar, como pasan las nubes en un día de verano. Procura no concentrarte en otra cosa que no sean los movimientos suaves y fluidos de tu cuerpo y tus brazos. Aprovecha esta oportunidad para entrar en tu propio mundo mientras te sientas cómodo, manteniendo todo el tiempo la mente concentrada en la poderosa bola de luz que emana de la zona de tu estómago.

*Abandónate a este poder que tienes en tu interior, y anula la voz del «no debes» y «no puedes».*

# Cristales clave: el chakra del plexo solar

La metáfora del Sol y su relación con el tema central del poder del plexo solar se corresponde con los tonos amarillos de los cristales del tercer chakra. Tu decisión específica estará determinada por el hecho de que la disfunción que desees superar sea física, mental o emocional. (Para obtener información acerca de la sanación con cristales, consultar también las pp. 26-27.)

## Citrino amarillo

Utilizado sobre el plexo solar, este cristal ayuda al individuo a acceder a su poder personal. Mejora su autoconfianza y ayuda a superar una atracción a las sustancias adictivas, que es una disfunción común de este chakra. En un nivel físico, el citrino amarillo es muy beneficioso para los problemas digestivos.

## Calcita

Este cristal se encuentra en muchos colores y formas, pero las doradas o amarillas son las más convenientes para el plexo solar. Se dice que la calcita intensifica la energía de este chakra, ayudándolo a «despertar» tras la eliminación de los bloqueos. También es excelente para los problemas relacionados con la disfunción del páncreas, riñones y bazo.

## Piedra solar

A pesar de su nombre, se encuentra en una amplia gama de colores, aparte del amarillo y el naranja. Su reflejos moteados se deben a inclusiones de hematites y goethita. En la antigua Grecia representaba al dios Sol, y otorgaba buena fortuna a cualquiera que la llevara. Es útil para reducir la tensión del estómago y para el alivio de las úlceras.

## Malaquita

Un cristal verde, con unas bandas características, que ayuda a vincular el plexo solar con el corazón (sobre el que también puede colocarse) para favorecer la compasión necesaria para asegurar que no se dé un fin equívoco al poder personal. Es una piedra particularmente buena para recordar los sueños, y excelente para la meditación.

GINA (consultar también pp. 68-69)
Este trazado fue el utilizado por Gina. Eligió una combinación de malaquita, citrino amarillo y calcita. Además, logró una energía con la que combatir el agotamiento utilizando nueve cristales de cuarzo claro:

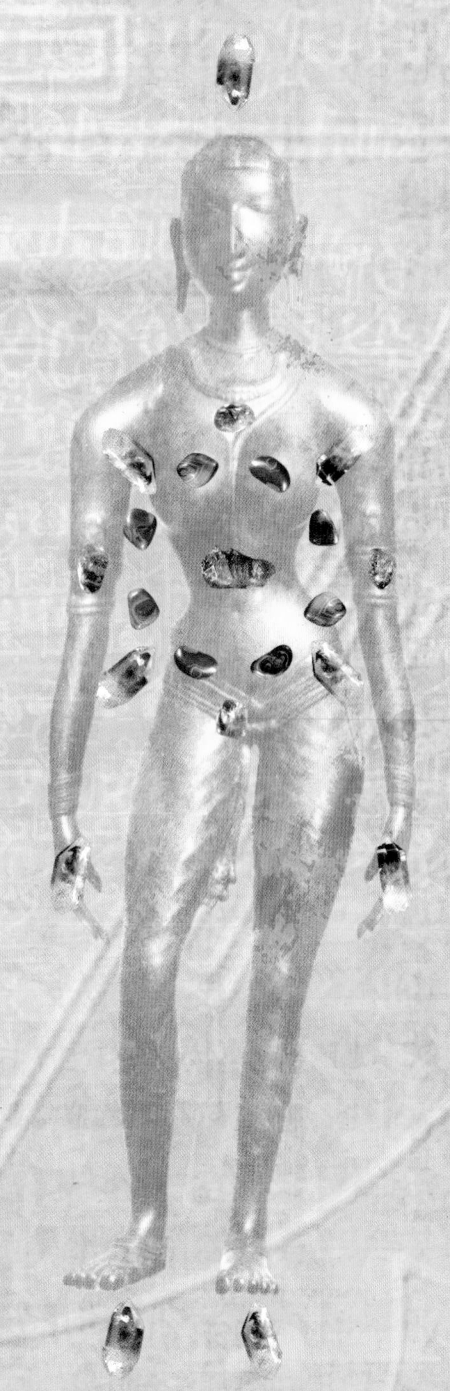

- **Cuarzo:** en cada mano, con el extremo puntiagudo hacia los hombros; uno hacia la planta de cada pie; uno señalando hacia la coronilla. Los otros cuatro, con los extremos apuntando hacia el plexo solar, rodeados por los cristales de colores sobre el chakra;
- **Citrino amarillo:** para desbloquear la energía estancada que producía el síndrome de irritación intestinal y para estimular la autoconfianza;
- **Calcita:** en combinación con el cuarzo claro, le dio el necesario arranque de energía;
- **Malaquita:** ayudó a Gina a dirigir su poder personal de una manera más equilibrada y compasiva, para beneficiar a sus colegas.

*Aborda la sanación con cristales con mentalidad abierta y tómate el tiempo necesario para elegirlos y situarlos de acuerdo con tus propias necesidades y deseos.*

- *Elige un lugar cálido y confortable.*
- *Asegúrate de que no van a interrumpirte.*
- *Pon música suave o sonidos naturales.*
- *Quema incienso o velas aromatizadas.*
- *Lleva ropa suelta.*
- *Ve al baño primero.*
- *Ten un vaso de agua para rehidratarte y enraizarte después.*
- *Limpia y sintoniza los cristales (consultar p. 27).*

# MEDITACIÓN: EL CHAKRA DEL PLEXO SOLAR

Antes de empezar elige un momento de tranquilidad y relajación para meditar.

- Siéntate o túmbate delante del altar (consultar pp. 68-69). Deja que los colores, símbolos y asociaciones te inspiren.
- Crea una atmósfera con aceites, velas o inciensos.
- Graba antes las palabras si así lo prefieres. Los puntos suspensivos indican una pausa.

*1. Estás en un camino que termina en la distancia. El día es cálido, con una brisa suave, y puedes sentir el Sol a tu espalda...*
*El aire está perfumado con el aroma de la hierba recién cortada y de flores delicadas...*

*2. Llega un momento en el que te das cuenta de que el camino se vuelve cuesta arriba... Por delante hay una montaña que comienzas a ascender lentamente. Los lados están muy inclinados y debes utilizar toda tu intuición para seleccionar el camino más seguro...*

*3. Asciendes más y más hasta que ves una meseta... Hay un fuego ardiendo en mitad de esa zona plana, con llamas doradas que se elevan en el aire.*

*4. Junto al fuego hay papel y pluma... Te detienes, los recoges y piensas en la persona o personas en quienes has delegado poder personal...*

*5. Escribes su nombre o nombres en el papel y lo sostienes junto a la llama... Te das cuenta de que el fuego se come el papel hasta que está totalmente destruido...*

*6. Te solazas con la calidez del fuego; sientes que su calor regenera tu plexo solar, fortaleciéndolo... Conectas con el poder de tu plexo solar... Sabes que eres un guerrero espiritual y que tienes los recursos interiores y la guía divina para ayudarte a superar todos los desafíos de la vida...*

*7. Disfrutas con este momento de poder personal y observas la sensación que produce... Sintonizas con las señales que te da tu cuerpo para volver a reconocerlas...*

*8. Ha llegado el momento de apartarte de la llama, bajar de la montaña y volver al camino... Eres el mismo, sin embargo, eres distinto...*

*9. Tu carga de poder es más fuerte y lo será más cada vez que visites la llama de la cumbre de la montaña... Y puedes hacerlo tantas veces como desees.*

## CUESTIONES DIARIAS

- ¿Qué riesgos puedes aceptar para fortalecer tu base de poder personal? Piensa en enfrentarte a tus miedos acerca de una persona particular. ¿Cómo puedes conseguir que tus relaciones con esa persona se den en un plano de igualdad?
- ¿Has actuado recientemente de modo servil? ¿Obtuviste algo con ello? ¿Cómo puedes impedir que esto vuelva a suceder? Visualiza unos resultados más enérgicos.
- ¿A quién admiras que tenga el control de sí mismo? ¿Cómo demuestra su poder personal? ¿Cómo puedes emularle? Si admiras a una figura pública, aprende algo sobre ella. Cuando te enfrentes a una decisión que sea un reto, imagina lo que esa persona haría.
- ¿Cómo utilizas tu cólera? La cólera controlada es una saludable expresión del poder personal. Practica el acto de dar rienda suelta a la cólera golpeando un cojín.

## AFIRMACIONES

- Me acepto y valoro tal como soy.
- Sé que me estoy convirtiendo en la mejor persona que puedo ser.
- He decidido tratarme con honor y respeto.
- Mi poder personal se está volviendo más fuerte cada día.
- Soy yo mismo. Decido cómo pensar y comportarme.
- Merezco todo el amor, respeto, alegría y prosperidad que llega hasta mí. Estoy abierto para recibir todas las cosas buenas de la vida.

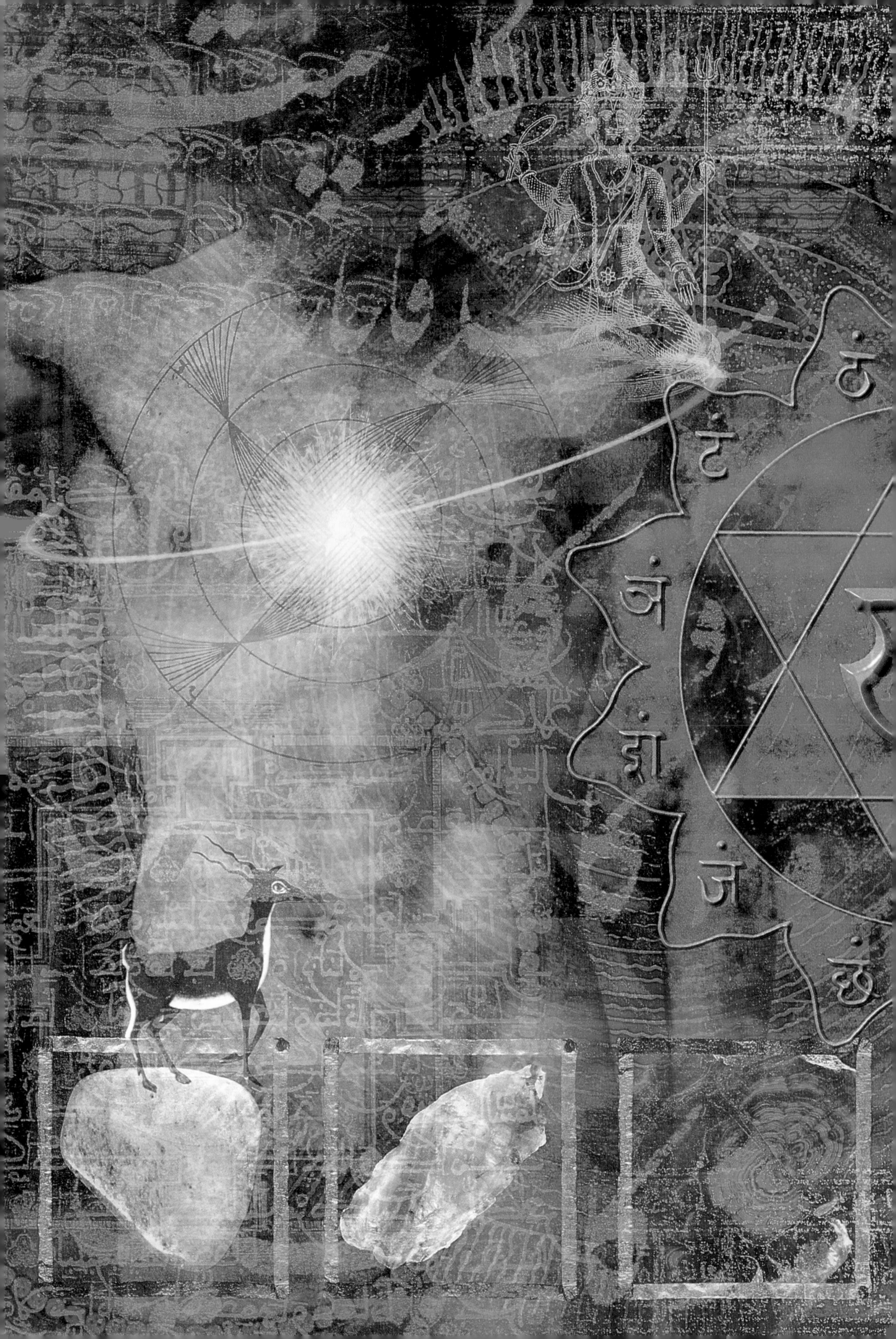

# EL CHAKRA DEL CORAZÓN *ANAHATA*

Hemos llegado al chakra central del sistema de siete: el corazón de nuestro viaje. Sirve de mediación entre el mundo del espíritu y el mundo de la materia. Mediante este chakra nos relacionamos compasiva e incondicionalmente con los demás gracias al amor. Sin embargo, este amor no depende de los demás. No es el amor a la tribu del primer chakra o de la raíz, ni el amor sexual del segundo o del sacro, sino que es un estado del ser, resistente y constante, con independencia de los elementos externos: es tan etéreo como el aire. El símbolo de este chakra son doce pétalos de loto que rodean una estrella de seis puntas (dos triángulos). El triángulo con la punta hacia abajo representa el espíritu que desciende al cuerpo (la materia), mientras que el que apunta hacia arriba es la materia que se eleva para encontrarse con el espíritu. El término sánscrito *Anahata* significa «sonido hecho sin que dos cosas choquen», o «sin roce», lo que describe la coexistencia del cuerpo y el espíritu. El arquetipo animal asociado, el antílope, sugiere a alguien enamorado: amplio, ojos marrones, deambulando inquieto y dando saltos de alegría. Este chakra se interesa por el perdón y la compasión: el amor incondicional a través del cual aceptamos que los demás lo hacen lo mejor posible. De esta manera, empezamos a desarrollar una auténtica aceptación del ser. Por su naturaleza abstracta, este chakra resulta un verdadero reto. Estamos saliendo de las esferas de lo sólido y lo tangible, representadas por la tierra, el agua y el fuego, para entrar en la intangibilidad del aire.

# CORRESPONDENCIAS DEL CHAKRA DEL CORAZÓN

El diagrama del cuarto chakra o del corazón identifica las asociaciones y simbolismos vinculados con el cuarto chakra. Como tal, proporciona una «referencia rápida» de los temas de inspiración que hay que utilizar cuando se realizan ejercicios prácticos, como montar tu altar (consultar pp. 82-83) o elegir las piedras apropiadas para el trabajo con cristales (consultar pp. 86-87). Este diagrama también te ayudará con las diversas imágenes que necesitarás en tus meditaciones y visualizaciones. Incorpora todos los símbolos y temas que te parezcan apropiados para tus necesidades.

Familiarizándote regularmente con este diagrama, como preludio a la sección entera del chakra del corazón, mantendrás tu mente centrada en las cuestiones relacionadas, y tendrás conciencia de las oportunidades de crecimiento y desarrollo debidas a las relaciones de amor con los demás.

Para que tu viaje por los chakras sea totalmente feliz y placentero, debes prepararte atendiendo a ciertos requisitos prácticos (consultar pp. 25 y 87). El dominio del chakra del corazón nos ayuda a mejorar nuestro desarrollo emocional y a reconocer la potencia de esa potente energía a la que llamamos «amor».

## CARACTERÍSTICAS DEL CHAKRA

Observa con cuáles de las siguientes características de la energía del chakra –excesiva («demasiado abierto»), insuficiente («bloqueado») y equilibrada– te sientes identificado; después, determina (la elección es tuya) las acciones necesarias que debes emprender, utilizando las herramientas y las técnicas descritas en este capítulo.

**Demasiado abierto** (el chakra gira a demasiada velocidad): posesivo, ama condicionalmente, se retiene emocionalmente «como castigo», abiertamente dramático.
**Bloqueado** (el chakra no gira o lo hace a poca velocidad): miedo al rechazo, ama en exceso, se siente indigno de recibir amor, autoconmiseración.
**Equilibrado** (el chakra mantiene el equilibrio y gira a la velocidad vibratoria correcta): compasivo, ama incondicionalmente, alimenta a los demás, desea tener una experiencia espiritual al hacer el amor.

## EL CHAKRA DEL CORAZÓN

**Nombre sánscrito**
*Anahata*

**Significado**
Sonido que se hace sin que dos cosas choquen, sin roce

**Ubicación**
Centro del pecho

**Símbolo**
Loto de doce pétalos, que contiene dos triángulos en intersección que forman una estrella de seis puntas que demuestra el perfecto equilibrio entre el espíritu que desciende hacia abajo, a la materia, y la materia que se eleva hacia el espíritu

**Colores asociados**
Verde, rosa

**Elemento**
Aire

**Planeta dominante**
Venus

**Disfunciones emocionales**
Dependencia, melancolía, miedo a la soledad, miedo al compromiso y a la traición

**Disfunciones físicas**
Respiración superficial, hipertensión, enfermedades cardíacas, cáncer

**Partes corporales asociadas**
Corazón, pecho, pulmones, circulación

**Conexión glandular**
Timo

**Arquetipos**
Funcional: Amante
Disfuncional: Ejecutante

**Animal asociado**
Gacela, antílope

**Asociación social**
Aceptación incondicional de los demás

**Asociación sacramental**
Matrimonio

**Objetivos**
Equilibrio, compasión y autoaceptación

**Sentido asociado**
Tacto

**Lección vital**
El perdón y la compasión por uno mismo y por los demás

**Alimentos**
Verduras

**Cuestión principal**
Creer en el amor y las relaciones

**Incienso/aceites**
Rosa, bergamota, melisa

**Edad de desarrollo**
21-28 años

**Cristales**
Turmalina de sandía, cuarzo rosa, esmeralda, calcita verde, jade, azurita, cuarzo venturina, malaquita, adularia

# ARQUETIPOS: EL CHAKRA DEL CORAZÓN

El chakra cuarto o del corazón desarrolla todavía más el énfasis interno que se inició en los chakras inferiores y que se ocupa de equilibrar el amor a los demás con el amor a nosotros mismos. Este chakra central es el paso a través del cual nos movemos desde los centros inferiores a los superiores, pasando de la esfera de las necesidades básicas a la de las bendiciones. Nuestro desafío es pasar las pruebas del amor incondicional, la compasión y el perdón que encontramos cada día como un reto, con el objetivo de trasladarnos a los centros superiores.

Tendemos a pensar que el corazón sólo se ocupa de los sentimientos «blandos» e irracionales. Preferimos poner mayor énfasis en la actividad de la «cabeza», pero si se lo permites, el corazón puede ser un barómetro mucho más preciso de las necesidades profundas. Prestar atención al corazón en asuntos amorosos es vital para mantener relaciones saludables y mutuamente respetuosas. En nuestro recorrido hacia el ser superior, nuestras relaciones nos exponen dolorosamente lo poco que nos amamos. Cuando apartamos la delgada capa que cubre la falta de una auténtica intimidad y la llenamos enérgicamente de alegría, paz y aceptación de nosotros mismos, empezamos a construir los fundamentos sólidos sobre los que florece el amor incondicional. Aquellos que rechazan la intimidad demuestran su miedo a mirar a su interior. Desprecian las oportunidades que ofrecen las relaciones para el autoconocimiento: el reconocer y amar nuestro lado oscuro tanto como las partes que admiramos. Ésta es la base del amor incondicional.

El arquetipo negativo asociado al chakra del corazón es el ejecutante. Esas personas enmascaran las heridas personales jugando a estar «enamoradas»; una experiencia muy distinta de la de amar verdaderamente a alguien. Su camino es el de una actividad teórica y cerebral, sin poner corazón y alma en la relación. Los auténticos amantes, en cambio, tienen la capacidad de amarse a sí mismos incondicionalmente. Como no necesitan que las otras personas los mantengan a flote, abren libremente su corazón y comparten con los demás la aceptación de sí mismos. Estos individuos, generosos y libres de espíritu, se ofrecen sinceramente a los demás, porque saben que el núcleo de su ser está seguro. Al estar en

AMAR DEMASIADO

**A menudo amamos a otra persona pero envolvemos ese amor en un manto de celos, posesividad e inestabilidad emocional. Podemos malinterpretar los poderosos sentimientos engendrados por estas actitudes disfuncionales como amor, cuando lo que realmente hacemos es exteriorizar algo que necesita salir del interior, para no enfrentarnos a los miedos profundamente asentados a ser heridos y traicionados.**

contacto con sus emociones, enfocan con espíritu más ligero sus relaciones, con la seguridad de que el perdón y la compasión, que sus contrapartidas disfuncionales permiten que los otros les dispensen, están a su disposición, internamente, en cualquier momento.

### El amante

Los amantes son individuos magnéticos y radiantes que son verdaderamente «los dueños» de sí mismos. Se los reconoce fácilmente porque es imposible no sentirse afectado por su energía positiva.

### El ejecutante

Un ejemplo común de esta personalidad es el individuo dependiente que busca en el exterior el amor que ansía, engañándose a sí mismo al creer que sus heridas se curarán si encuentra a alguien de quien obtener fuerza. Sin embargo, el miedo a ser traicionado, una de las disfunciones emocionales del chakra del corazón, sabotea cualquier posibilidad de felicidad auténtica con otro.

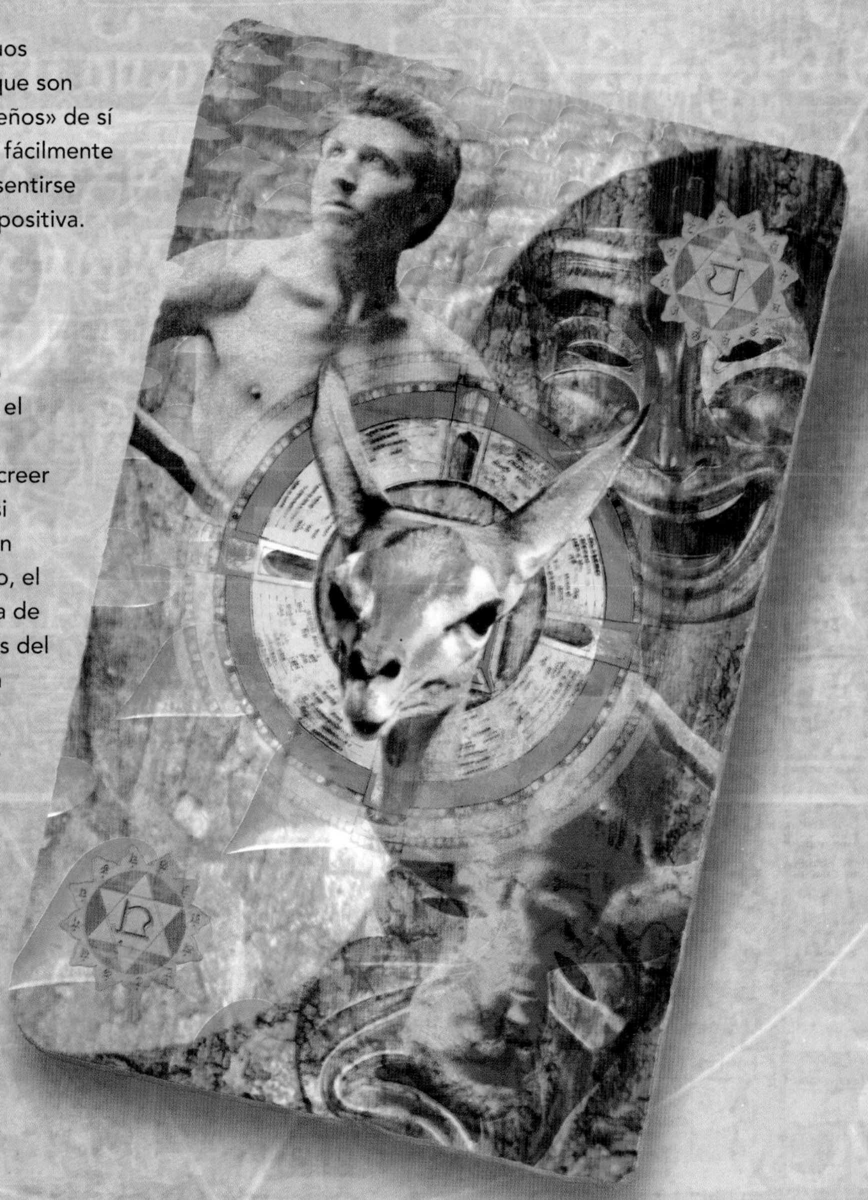

*Realizando las meditaciones, las cuestiones diarias y las afirmaciones de las páginas 88-89, podrás dejar a un lado la «teoría» del amor y asumir el verdadero control del auténtico amante.*

## ALTAR:
## EL CHAKRA DEL CORAZÓN

Estas gemelas de diecinueve años quedaron perturbadas cuando su padre dejó a su madre. Se sintieron odiadas, celosas, con miedo, desesperadas y traicionadas. Sabían que sus padres habían sido infelices, pero les era difícil no culpar de ello al padre y despreciar al mismo tiempo a su madre. Una de sus tías más queridas les sugirió que crearan un altar al chakra del corazón para estimular la compasión y el perdón. Decidieron amar a ambos padres por igual tanto por sus fallos como por sus éxitos. Eso las llevó a pensar que ellas mismas no habían conseguido amarse por todas sus cualidades: por las «buenas» y por las «malas».

- Foto de sus parientes como recordatorio de que tenían apoyo más allá de la familia inmediata
- Plumas de pavo real de tonos verdes, representando los símbolos del vuelo y el aire del cuarto chakra
- Una báscula pequeña que simboliza el equilibrio (amor y odio)
- Abalorios de color verde y piedras pulidas
- Una postal de *Venus*, la diosa del amor
- Una pluma verde para mantener comunicación escrita con el padre
- Cuarzo rosa, símbolo del amor
- Diarios de tapas verdes para registrar sus sentimientos
- Un libro sobre el desarrollo del amor a uno mismo
- Fotos de sus padres
- Un loto de doce pétalos enmarcados en un corazón

*Este altar es el intento de las gemelas de trabajar el chakra del corazón. Es un caso propuesto como inspiración. Elige aquellos objetos que tengan un significado personal para ti.*

# EJERCICIOS: EL CHAKRA DEL CORAZÓN

Dada la naturaleza dual del chakra del corazón, que nos impulsa a concentrarnos en amarnos a nosotros mismos y amar a los demás, no sorprende que los ejercicios de esta zona puedan practicarse a solas o con alguien más. Toma conciencia de la necesidad de asegurarte de que tu compañero realmente quiere tomar parte en el ejercicio de conexión del corazón, y no lo hace por obligación.

1. Tumbado boca abajo en el suelo, con los brazos a los costados, las palmas de las manos hacia las caderas. Inspira. Imaginando que hay una cuerda atada a las manos que tira de ellas hacia arriba, llévalas hacia la parte inferior de la espalda, y levanta la parte superior del cuerpo alejándola del suelo. Mantén el cuello estirado mientras miras al frente, respirando con suavidad. Mantén la posición lo más posible.

2. Baja suavemente hacia el suelo y, al inspirar, extiende los brazos a la altura de los hombros como si fueran alas, levantando del suelo la parte superior del cuerpo, también mirando hacia el frente. Imagina que el área del corazón se abre y es ofrecida como regalo a un receptor imaginario que hay delante de ti. Asegúrate de no tener los hombros encorvados, y que tu cuello está estirado.

3. Una variación de este ejercicio consiste, partiendo de la primera posición, en inspirar y levantar la parte superior del cuerpo del suelo al tiempo que se extienden los brazos por delante. Parece más confortable levantar también las piernas del suelo. Visualiza que se abre tu corazón y acuérdate de no retener la respiración ni tensar los músculos. Luego, al expulsar el aire, baja los brazos y las piernas.

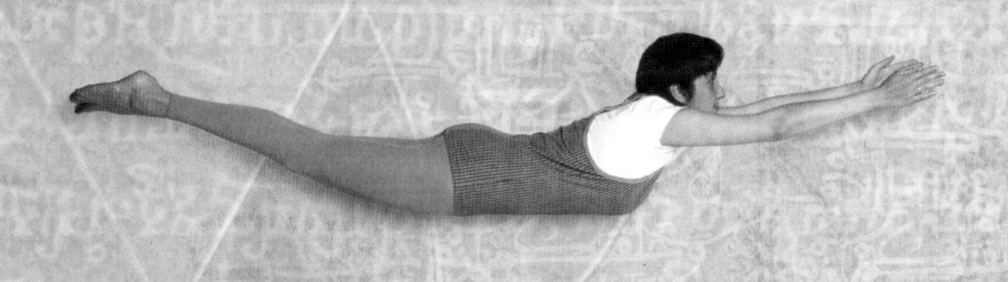

## EJERCICIO DE CONEXIÓN DEL CORAZÓN

Este ejercicio es bueno para desarrollar el amor incondicional mutuo. Cada uno extiende la mano derecha y la coloca sobre el chakra del corazón del otro, dejando la mano izquierda sobre la del otro. Miraos a los ojos durante unos minutos. Luego cerráis los ojos un rato, sintiendo una conexión profunda y continuada.

# Cristales clave: el chakra del corazón

Los cristales útiles para el chakra del corazón varían entre el color rosa, comúnmente asociado con el «amor», y el verde. Tradicionalmente se considera que este último color es un equilibrador psicológico, apto no sólo para el equilibrio de las energías físicas, mentales y emocionales, sino también entre el acto de ofrecer amor y el de recibirlo. (Consultar también las pp. 26-27 para obtener información acerca de la sanación con cristales.)

## Cuarzo rosa

La vibración tranquilizadora de este cuarzo rosa claro ayuda a consolar a cualquiera que sufra de «heridas» emocionales. Favorece el desarrollo del amor a uno mismo, a través del cual se puede aprender a amar a los demás incondicionalmente. La energía amorosa del cuarzo rosa también ayuda a ser más receptivo a las alegrías de todas las formas de esfuerzo creativo.

## Jade verde

Se dice que este cristal ofrece tranquilidad y protección a quienes se sienten vulnerables si se coloca sobre el chakra del corazón. Su resonancia suave estimula la fuerza y la estabilidad cuando uno se siente temeroso o amenazado. El verde es la energía del equilibrio y la sanación. El jade de color verde claro transmite una vibración de amor y perdón.

## Cuarzo venturina

Comúnmente verde, este cuarzo contiene partículas de mica o hematites, lo que le da un brillo metálico. Este cristal es bueno para la depresión, y estimula la ligereza y el entusiasmo por la vida. Es valioso para mantener el equilibrio del chakra del corazón cuando éste ha sido cerrado por una pena, y además protege en general esta zona.

## Turmalina de sandía

Esta turmalina suele tener un borde verde y un centro rosa. Se dice que es el «superactivador» del chakra del corazón, permitiendo que esta área se conecte con el ser superior. Ayuda en las disfunciones emocionales y mejora el tacto y los esfuerzos de cooperación.

## Calcita verde

Este cristal ayuda a desarrollar la fuerza necesaria para enfrentarse al cambio o la transición, formando un vínculo entre el corazón y la cabeza. Es una elección excelente cuando se trata de «heridas» emocionales que afectan al corazón, ya que estimula la compasión y la ternura hacia uno mismo y hacia los demás.

LAS GEMELAS (consultar también pp. 82-83)
Las gemelas prefirieron llevar un trozo de cristal en lugar de hacer un diseño completo sobre el cuerpo. Una eligió un corazón de jade claro y la otra dos anillos de jade sencillo, que llevaban sobre el área del corazón. Todas las mañanas realizaban un ritual delante de su altar, imaginando que la energía suave y verde del jade calmaba su corazones rotos y las ayudaba a conseguir una serenidad interior y una perspectiva equilibrada de sus circunstancias. Por la noche colocaban los colgantes bajo la almohada, pues en la cultura maya el jade se utilizaba para aliviar las emociones reprimidas durante el sueño.

*Aborda la sanación con cristales con mentalidad abierta y tómate el tiempo necesario para elegirlos y situarlos de acuerdo con tus propias necesidades y deseos.*

- *Elige un lugar cálido y confortable.*
- *Asegúrate de que no van a interrumpirte.*
- *Pon música suave o sonidos naturales.*
- *Quema incienso o velas aromatizadas.*
- *Lleva ropa suelta.*
- *Ve al baño primero.*
- *Ten un vaso de agua para rehidratarte y enraizarte después.*
- *Limpia y sintoniza los cristales (consultar p. 27).*

# MEDITACIÓN: EL CHAKRA DEL CORAZÓN

Antes de empezar elige un momento de tranquilidad y relajación para meditar.

- Siéntate o túmbate delante del altar (consultar pp. 82-83). Deja que los colores, símbolos y asociaciones te inspiren.
- Crea una atmósfera con aceites, velas o inciensos.
- Graba antes las palabras si así lo prefieres. Los puntos suspensivos indican una pausa.

*1. Empiezas un viaje al chakra del corazón... ¿Estás nervioso, excitado, dolorido? Reconoce esos sentimientos, pero no te quedes en ellos... Has de saber que estás a salvo, protegido, amado...*

*2. Te ves a ti mismo en un sendero rojo. Sientes la tierra firme bajo tus pies... Te das cuenta de que el color del camino cambia y que ahora es arenoso y naranja, agitándose bajo tus pies como si fuera agua. Tus pies parecen más ligeros y te ayudan a acercarte a tu destino...*

*3. El camino vuelve a cambiar, a un color amarillo... Siente que su calidez penetra en tus pies calentando todo tu ser... Todo está bañado por una luz solar dorada...*

*4. Miras hacia el frente y te das cuenta de que el camino se ha vuelto verde y te conduce hacia un castillo rosado... Cuando tomas este camino verde, se abre debajo de ti, como si estuvieras caminando por el aire... Te encuentras en la entrada del castillo de color rosa.*

*5. Sientes que la pesada puerta se abre dando entrada a un amplio salón rosado... Tu corazón está sobre un plinto. ¿Qué aspecto tiene? ¿Está congelado en un bloque de hielo? ¿O encadenado? ¿O desborda energía por estar demasiado abierto a los demás?... Considera su estado... No juzgues lo que veas: estás allí para curarlo...*

*6. Tienes a tu disposición el remedio apropiado. Coge un pico y golpea el hielo, echándole tu respiración caliente para que se funda antes... Abre las cadenas con una llave de oro que tienes en el bolsillo... Observa cómo se expande tu corazón ahora que está en libertad...*

*7. Coloca tus manos amorosamente sobre cualquier cicatriz y envía amor universal a tu corazón para disolverlas... Deja que tu energía curativa natural dé a tu corazón lo que necesita.*

*8. Observa que tu corazón responde positivamente a esa atención... Observa una conexión entre lo que hay en tu ojo mental y lo que está sucediendo en tu cuerpo... Disfruta de estos momentos.*

*9. Acaricia tu corazón y envíale amor universal ilimitado, sabiendo que cuanto más amor reciba más pondrá a la disposición de los demás.*

## CUESTIONES DIARIAS

- ¿Respondes a los demás por medio de la mente y el intelecto en lugar de por el corazón? Sintoniza con el mensaje de tu corazón. Concéntrate en lo que verdaderamente sientes, sin juzgarlo. El corazón tiene sus respuestas.
- ¿Te sientes verdaderamente conectado con los demás? Trata de salir y sonreír a la gente. Te sorprenderá que muchos te devuelven la sonrisa.
- ¿Te tratas con dureza por haber «fallado»? Este chakra se ocupa del equilibrio: no sólo con los demás, sino también contigo mismo. Honra tu lado luminoso y también el oscuro.
- ¿Pones «buena cara»? Aprende a separarte de tus sentimientos. Cuando tu corazón esté lleno de dolor, reconoce que representa otra lección. Alégrate y avanza.
- ¿Eres compasivo o juzgas a los demás? La realidad de cada uno es diferente. Ten la seguridad de que nadie puede herirte: lo que causa tu dolor es la forma en que reaccionas ante lo que los demás hacen.

## AFIRMACIONES

- Envío amor a todos los que conozco; todos los corazones están abiertos para recibir mi amor.
- Acepto que el dolor es una parte esencial de mi crecimiento y desarrollo.
- Me amo a mí mismo por ser quien soy y por el potencial que hay en mi interior.
- Libero en las manos del amor todos los dolores pasados.
- Estoy agradecido por todo el amor que hay en mi vida.
- Otras personas merecen mi compasión.
- El amor que siento por mí mismo y por los demás es incondicional.
- El amor me hará libre. Los demás aman lo mejor que pueden. Si alguien no me ama «lo suficiente», quizá esté limitado en su expresión del amor y merezca mi compasión.

# El chakra de la garganta *Vishuddha*

El chakra de la garganta es el primero de los centros superiores y está asociado con la comunicación, la autoexpresión y la creatividad por medio del sonido. Su nombre sánscrito, *Vishuddha* –que quiere decir «purificación»–, ofrece una indicación de cuál es este tipo de comunicación: no la charla cotidiana, sino el lenguaje y los pensamientos que tienen un propósito. Trata de la expresión personal combinada con la responsabilidad. Desarrollar el chakra de la garganta significa elegir las palabras que son valiosas para la comunicación. Otra implicación de *Vishuddha* es que sólo con el trabajo cumplido a través de los cuatro chakras inferiores se puede llegar a la purificación necesaria para abrir el chakra de la garganta, que resuena con el color azul en sus tonos menos intensos.

El símbolo hindú de *Vishuddha* es un loto de dieciséis pétalos que contienen las vocales del sánscrito, de las que se considera que representan el espíritu. Dentro del loto hay un triángulo que significa el discurso, una Luna llena y Airavata, el elefante de múltiples colmillos. Además del sonido, este chakra está conectado con la audición. Es triste que hoy no se acostumbre a escuchar activamente, pues necesitamos desarrollar el oído externo antes de poder disponer del interno y sutil. Los que operan desde los chakras superiores encuentran a menudo que el mensaje auténtico que hay tras sus palabras no es «escuchado». Cuando el chakra de la garganta está en funcionamiento, el pensamiento y el discurso se reducen y se considera más la comunicación.

# CORRESPONDENCIAS DEL CHAKRA DE LA GARGANTA

Este diagrama del chakra de la garganta, el quinto, identifica todas las asociaciones y simbolismos vinculados con este chakra particular.

Por tanto, proporciona una «referencia rápida» de los motivos de inspiración que puedes utilizar cuando realices ejercicios prácticos, como juntar los elementos de tu altar (consultar pp. 96-97) o elegir las piedras apropiadas para el trabajo con cristales (consultar pp. 100-101). Este diagrama también te ayudará con las diversas imágenes que necesitarás para componer tus meditaciones y visualizaciones. Incorpora tantos símbolos y temas como consideres apropiados para tus necesidades.

La contemplación regular de este diagrama del chakra es un preludio a la sección sobre el chakra de la garganta; te ayudará a mantener tu mente centrada en las cuestiones relacionadas, incluyendo la importancia de expresar tus emociones, y te hará comunicar tu verdad a ti mismo y a los demás.

Para que tu viaje por el chakra sea feliz y placentero, debes prepararte atendiendo a ciertos requisitos prácticos (consultar pp. 25 y 101). El control del chakra de la garganta nos ayuda a captar la importancia de purificarnos reconociendo sinceramente cómo nos sentimos y teniendo confianza en comunicar esas emociones a los demás.

## CARACTERÍSTICAS DEL CHAKRA

Observa con cuáles de las siguientes características de la energía del chakra –excesiva («demasiado abierto»), insuficiente («bloqueado») y equilibrada– te sientes identificado; después, determina (la elección es tuya) las acciones necesarias que debes emprender, utilizando las herramientas y las técnicas descritas en este capítulo.

**Demasiado abierto** (el chakra gira a una velocidad excesiva): hablar en exceso, dogmático, santurrón, arrogante.
**Bloqueado** (el chakra no gira o lo hace con demasiada lentitud): evita la autoexpresión, no tiene confianza, mantiene opiniones incoherentes.
**Equilibrado** (el chakra mantiene el equilibrio y gira a la velocidad correcta): buen comunicador, satisfecho, le es fácil meditar, artísticamente inspirado.

## EL CHACRA DE LA GARGANTA

**Nombre sánscrito**
*Vishuddha*

**Significado**
Purificación

**Ubicación**
Centrado en la base del cuello

**Símbolo**
Loto de dieciséis pétalos que contiene un triángulo con la punta hacia abajo dentro del cual hay un círculo que representa la Luna llena

**Color asociado**
Azul

**Elemento**
Éter

**Planeta dominante**
Mercurio

**Disfunciones emocionales**
Perfeccionismo, incapacidad de expresar emociones, creatividad bloqueada

**Disfunciones físicas**
Dolor de garganta, dolor de cuello, problemas de tiroides, problemas de audición, zumbido de oídos, asma

**Partes corporales asociadas**
Garganta, oídos, nariz, muelas, boca, cuello

**Conexión glandular**
Tiroides, paratiroides

**Asociación sacramental**
Confesión

**Asociación social**
Personal

**Animal asociado**
Elefante, toro

**Arquetipos**
Funcional: Comunicador
Disfuncional: Ser enmascarado

**Objetivos**
Armonía con los demás, autoconocimiento, creatividad

**Sentido asociado**
Oído

**Alimentos**
Fruta

**Lección vital**
El poder de la elección, expresión personal

**Incienso/aceites**
Manzanilla, mirra

**Cuestión principal**
Comunicación, autoexpresión

**Cristales**
Turquesa, lapislázuli, aguamarina, ágata, celestina, sodalita, zafiro

**Edad de desarrollo**
28-35 años

# ARQUETIPOS: EL CHAKRA DE LA GARGANTA

La próxima vez que te encuentres con alguien que parece tener problemas para expresarse, fíjate si inclina la barbilla hacia el pecho, ocultando la zona de la garganta de una manera infantil. Eso demuestra que dicha persona es vulnerable en el quinto chakra o de la garganta. Esas personas se aclaran con frecuencia la garganta porque esotéricamente se sienten ahogadas por las verdades que tienen que tragar. Pueden hablar con un tono inesperadamente monótono y apagado. Pueden intentar contribuir en las discusiones de grupo, pero por la falta de articulación o de entusiasmo con frecuencia no son «oídas» por los demás. Todo lo anterior son indicaciones de un chakra de la garganta disfuncional.

En su forma extrema, el arquetipo negativo asociado al chakra de la garganta es el ser enmascarado. Es alguien incapaz de expresarse abierta y sinceramente. Puede desear negarse a una petición irrazonable (o razonable), pero en cualquier caso responderá afirmativamente. La cólera y la frustración que se generan entonces bloquean todavía más el chakra de la garganta, lo que se puede manifestar físicamente en dolores de garganta, fiebre glandular, rigidez en el cuello y problemas de tiroides. Su silencio no es falta de comunicación, sino falta de una expresión auténtica.

En cambio, los comunicadores «hablan sin problemas». A menudo tienen una voz maravillosa que a los demás les encanta escuchar, y han elegido trabajos en las áreas de la expresión pública, enseñanza, emisiones, entrenamiento para el desarrollo personal y diversas terapias. Con esto no quiero decir que todos los que trabajan en esos campos sean auténticos comunicadores, sino que los que lo son sin duda sobresaldrán, porque se expresan con notable claridad y sentido del propósito. Lo que hace tan atractivos a los comunicadores es la congruencia que sienten los oyentes entre su expresión y la sinceridad del ser interior. Tanto las palabras habladas como las escritas las producen de una manera considerada y difícilmente les añaden elementos profanos o sin sentido.

Los comunicadores reconocen su derecho a expresar la cólera o su sentimiento de haber sido heridos, pero lo hacen de tal manera que no acusan a los demás. Integran corazón y mente en sus comunicaciones con los otros. Reconocen también el poder de la palabra hablada y escrita y, aceptando la responsabilidad de sus sentimientos, no abusan de ellas.

EL DOLOR DEL SER ENMASCARADO

Este dolor suele estar causado por traumas infantiles, cuando el ser enmascarado acostumbraba a ser «visto pero no oído», y frecuentemente se le decía que «se callara», por lo que tenía la sensación de que sus opiniones no eran válidas. Para enfrentarse a ese rechazo de su ser auténtico, lo reprimía. Ese niño triste permanece encerrado en la forma adulta, y ha tomado la decisión de rechazar la responsabilidad de crecer y hacerse cargo de su vida.

## EL COMUNICADOR

Tras haber trabajado los chakras inferiores y haber conseguido la compasión requerida por el corazón, los comunicadores saben que si los demás no «escuchan» lo que ellos tienen que decir no es una consecuencia de su capacidad para la comunicación, sino que simplemente demuestra que el receptor no está todavía en una fase en la que pueda aprovechar lo que se está diciendo.

## EL SER ENMASCARADO

A veces, parece un payaso; alguien que siempre está riendo, bromeando y adoptando una visión positiva nada realista. En realidad, se está poniendo la máscara de la comedia intentando de ocultar la tragedia de sentir que nadie le ama o le escucha.

*Realiza la meditación, las cuestiones diarias y las afirmaciones de las páginas 102-103 para dar confianza a tu ser enmascarado y liberar a tu comunicador.*

## ALTAR: EL CHAKRA DE LA GARGANTA

A Sara nunca la había satisfecho su trabajo en la administración. En la escuela había sobresalido en la escritura creativa y quiso ser periodista, pero nunca consiguió expresar sus deseos y había acabado realizando su actual trabajo de oficina. Comprendía que ello también se debía a su creencia de que su trabajo no era lo bastante bueno. Se había educado en una familia en la que incluso reconocer el propio talento provocaba sospechas. Eso la hizo socavar constantemente sus necesidades. Después de que una amiga la tranquilizara afirmando que tenía auténtico talento, Sara decidió concentrarse en dejar que su creatividad fluyera con libertad; así como en desarrollar las habilidades de la comunicación para lograr la atención de los demás. Lo hizo montando un altar:

- Una tela brillante color azul y turquesa
- Collares de lapislázuli y turquesa realizados por aborígenes americanos
- Una pequeña campana de bronce que representaba el sonido y la resonancia
- Una colección de sus propios poemas y relatos en una caja azul
- Su cinta de cantos favorita
- Una imagen de Hermes, mensajero de los dioses
- Un cuenco con fruta
- Una botella de almizcle blanco
- Afirmaciones manuscritas que celebraban el éxito de sus esfuerzos creativos
- Un libro que le dieron en la escuela como premio a su escritura creativa
- Papel de escribir de color azul claro

*Este altar es el intento de Sara de trabajar el chakra de la garganta. Es un caso presentado como inspiración. Elige objetos que tengan un significado personal para ti.*

# EJERCICIO: EL CHAKRA DE LA GARGANTA

Para casi todos nosotros, el cuello tiende a ser una de las zonas en las que sufrimos rigidez y tensión como consecuencia del estrés y la mala postura. Esotéricamente, esta área es el puente en el que se canaliza el flujo de energía que conecta la mente y el cuerpo. Si este flujo se ve estorbado de alguna manera, se producen estancamientos y bloqueos que contribuyen a la rigidez del área del cuello. Las siguientes posiciones invertidas del yoga, dos variaciones del mismo tema, ayudan a aflojar el área del cuello y en particular estimulan la tiroides, relacionada con el chakra de la garganta.

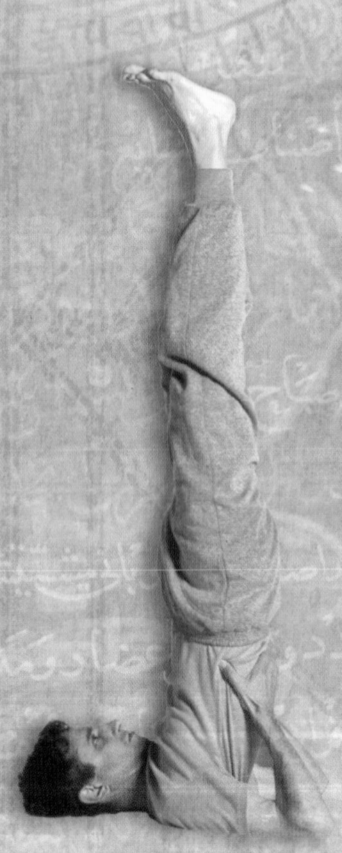

## PUNTAL SOBRE LOS HOMBROS

Si te sientes confiado, practica la postura sobre los hombros directamente sobre el suelo o una colchoneta. Túmbate. Flexiona las rodillas con los pies planos sobre el suelo, acercando los talones a las nalgas. Eleva ligeramente la parte inferior de la espalda y, llevando las rodillas hacia la cabeza, eleva el tronco y las piernas; al mismo tiempo, mueve las manos para que soporten el peso de la espalda inferior. Estira las piernas de manera que queden rectas por encima de ti. Ten conciencia de tu respiración, inspirando y echando el aire lentamente por la nariz. Mantén esta posición mientras te sientas cómodo.

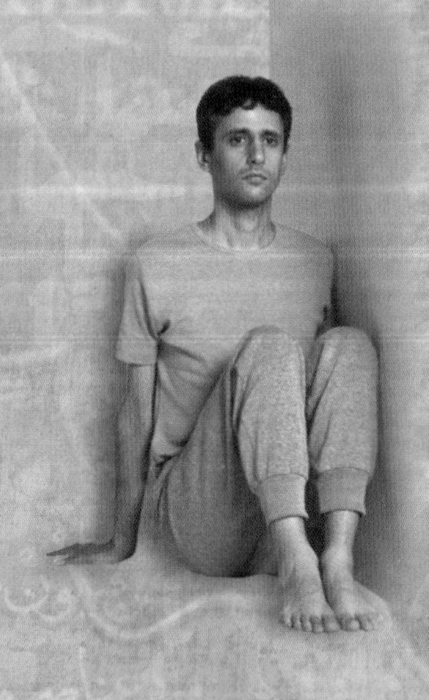

1. Si crees que necesitas más apoyo, utiliza una pared donde colocar las piernas. Para empezar, siéntate recto junto a una pared.

2. Levanta las piernas para que queden paralelas a la pared y échate hacia atrás con las nalgas contra esa superficie sólida.

3. Dobla las piernas por las rodillas, presionando las plantas de los pies contra la pared y levantando las caderas y el pecho.

4. Sujeta la parte inferior de la espalda con las manos, manteniendo los codos cerca del cuerpo. Estira las piernas, manteniendo los pies sobre la pared, y levantando al mismo tiempo el pecho, abdomen y caderas. Respira uniformemente por la nariz y relájate en esta posición varios minutos.

# CRISTALES CLAVE: EL CHAKRA DE LA GARGANTA

Un tema importante del chakra de la garganta es la comunicación en todas sus formas, lo que se consigue con el uso de cristales de distintos tonos de azul. Hay muchas elecciones convenientes, por lo que puedes guiarte por tu intuición y seleccionar aquellas piedras con las que tienes una afinidad personal, en lugar de sentir que alguien te dicta lo que has elegido. (Para obtener información acerca de la sanación con cristales, consulta también las pp. 26-27.)

### LAPISLÁZULI

Un cristal azul oscuro con motas doradas o blancas. Otra piedra de la autoexpresión y las empresas artísticas, ayuda a expandir tu conciencia y tu capacidad intelectual. Su efecto energético sobre el chakra de la garganta ayuda a activar una nueva esfera de la conciencia y la claridad mental necesaria para comunicársela eficazmente a los demás.

### TURQUESA

Este hermoso cristal ayuda a estimular el chakra de la garganta para que puedas articular las cuestiones emocionales. Su utilización es maravillosa en relación con los esfuerzos creativos, pues ayuda a vincular la inspiración intuitiva con todo lo relacionado con la autoexpresión. Se dice que la turquesa te ayuda a encontrar tu camino auténtico en la vida al sintonizarte con el ser superior.

### CELESTINA

Un cristal suave y frágil utilizado por los sacerdotes bengalíes porque sus llamas de color impresionaban a sus seguidores. Es una piedra útil para la actividad mental, pues puede ayudarte a abordar ideas complejas y transmitirlas fácilmente. Se dice que ayuda a la clariaudiencia y al recuerdo de los sueños, y puede añadir otra dimensión si tienes historias que contar.

### SODALITA

Este cristal, ligeramente parecido al lapislázuli, se presenta en varios tonos de azul, así como en otros colores. Estimula la objetividad y las perspectivas nuevas, y produce armonía entre la mente consciente y la inconsciente. La sodalita te ayuda a reconocer y articular tus auténticos sentimientos, y muestra cómo avanzar en la vida con el corazón ligero.

### AGUAMARINA

Un cristal conveniente para todos los que estén en el negocio de los medios de comunicación, pues produce un efecto tranquilizador y reductor del estrés, sobre todo cuando necesitas comunicarte con grandes públicos. La aguamarina te permite asimilar el conocimiento, no sólo sobre el mundo en general, sino también sobre ti mismo. Estimula y limpia el chakra de la garganta elevando cualquier comunicación más allá de lo mundano.

SARA (consultar también pp. 96-97)
Todos los colores azules aquí descritos fueron utilizados para ayudar a Sara en su deseo de expresar su talento verbalmente y por escrito. Las piedras fueron colocadas sobre el chakra de la garganta y sus alrededores y Sara visualizó que la energía azul creaba un camino abierto entre su garganta y su mente. Aconsejada por quien le practicaba la sanación con cristales, Sara adquirió un collar tradicional de lapislázuli y turquesa, realizado por los aborígenes americanos, que llevaba al cuello sobre el área inferior de la garganta. Se lo ponía con regularidad mientras escribía y descubrió que así podía conectar mucho más fácilmente con su creatividad innata. Ello incluía la capacidad de escribir atractivas cartas a los posibles editores con el fin de que su talento para la escritura llegara a un público más amplio.

*Enfoca la sanación con los cristales con mente abierta y tómate el tiempo necesario para elegir y colocar los cristales, concentrándote al máximo en tus necesidades y deseos.*

- *Elige un lugar cómodo y confortable.*
- *Asegúrate de que no vas a ser interrumpido.*
- *Pon una música suave o sonidos naturales.*
- *Enciende incienso o velas aromatizadas.*
- *Lleva ropa suelta.*
- *Ve primero al baño.*
- *Ten a mano un vaso de agua para la rehidratación y enraizamiento posteriores.*
- *Limpia los cristales y sintonízalos (consultar p. 27).*

# MEDITACIÓN: EL CHAKRA DE LA GARGANTA

Antes de empezar elige un momento de tranquilidad y relajación para meditar.

- Siéntate o túmbate delante del altar (consultar pp. 96-97). Deja que los colores, símbolos y asociaciones te inspiren.
- Crea una atmósfera con aceites, velas o inciensos.
- Graba antes las palabras si así lo prefieres. Los puntos suspensivos indican una pausa.

*1. Adopta una posición cómoda y respira lenta y profundamente por la nariz.*

*2. Ve tensando por turnos cada grupo de músculos, desde los pies hasta la cabeza... Conforme se relajan, siente que te hundes pesadamente en el suelo o la silla...*

*3. Concéntrate ahora en el cuello y la parte inferior de la cabeza e imagina una hermosa niebla azul que lava el interior de tu boca..., baña la cavidad de la garganta..., rodea los oídos..., acaricia tu cuello..., se desliza por la lengua..., relaja las mandíbulas..., de manera que toda la zona se vuelve flexible y libre...*

*4. Ten conciencia de cualquier tensión y lleva a esa zona la niebla azul para que pueda liberarla...*

*5. Sé consciente de tu respiración y deja que cada inspiración aumente la intensidad de la niebla azul... Cada espiración extiende esta niebla azul por tu garganta, boca, lengua, oídos y cuello..., fortaleciendo cada área..., dejándote que expreses tu verdad..., que expreses tus sentimientos con sinceridad, abiertamente, compasivamente hacia ti y los demás...*

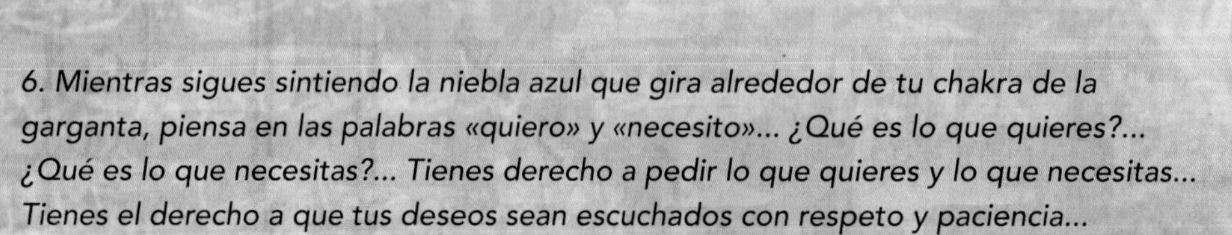

*6. Mientras sigues sintiendo la niebla azul que gira alrededor de tu chakra de la garganta, piensa en las palabras «quiero» y «necesito»... ¿Qué es lo que quieres?... ¿Qué es lo que necesitas?... Tienes derecho a pedir lo que quieres y lo que necesitas... Tienes el derecho a que tus deseos sean escuchados con respeto y paciencia...*

*7. Decide hablar por ti mismo de alguna manera todos los días...*

*8. Ten la seguridad de que meditando diariamente en esta niebla azul fortalecerás y apoyarás tu chakra de la garganta y te acercarás al momento en que tus necesidades y deseos serán escuchados... y satisfechos... Porque tienes dentro de ti todo lo que necesitas para satisfacer esas necesidades por ti mismo... Y aceptando esto, descubrirás que los demás te apoyan y honran.*

## Cuestiones diarias

- ¿Cómo puedes fortalecer tu voz? Intenta cantar o recitar un poema en el baño, o canta todas las mañanas durante cinco minutos.
- ¿Tu posición limita tu voz? Prueba la técnica Alexander para eliminar las pautas negativas.
- ¿Cómo puedes expresar tus sentimientos? Empieza a escribir un diario para comunicar las emociones con seguridad.
- ¿Qué opinión te merece la expresión de la cólera? Escríbele a alguien con quien estés enfadado, pero apartándote del aspecto emocional. Imagina que tu mente está llena de cólera, pero que tu corazón, que eres «tú», ofrece compasión y amor.
- ¿Tu cuerpo está purificado? Aprovecha un fin de semana para reducir los estimulantes y comer sólo alimentos frescos, crudos, cocidos o ligeramente cocinados.

## Afirmaciones

- Empiezo a hablar por mí mismo.
- Lo que yo tengo que decir merece ser escuchado.
- Me complazco en autoexpresarme y en todos mis actos creativos.
- Escucho las necesidades y deseos de los demás y los reconozco.
- Hablo siempre desde el corazón.
- Antes de expresar lo que pienso, lo considero adecuadamente.
- Mi voz se está volviendo más potente y atractiva.

# El chakra del tercer ojo *Ajna*

El penúltimo chakra en nuestro viaje por el sistema de los siete chakras es *Ajna*, que significa «percibir», «conocer» y también «controlar». Nuestros ojos físicos son las herramientas con las que percibimos las cosas tangibles, mientras que el sexto chakra, el «tercer ojo», en un punto ligeramente superior del entrecejo, nos ofrece la capacidad de intuir las cosas para las que no tenemos una evidencia concreta. En términos cotidianos, hablamos de «corazonada» cuando «sabemos» cosas que no podemos racionalizar. A menudo decidimos permanecer ciegos al potencial que ilumina nuestro tercer ojo. En su conexión con las funciones superiores de la conciencia, el chakra del tercer ojo es una herramienta psíquica que nos recuerda que todo lo que vemos, oímos, olemos, tocamos o saboreamos empezó como una visión interior. El símbolo de este chakra es el loto de dos pétalos, como las alas a los lados de un círculo, dentro del cual hay un triángulo con la punta hacia abajo. Los pétalos son como nuestros dos ojos físicos, a cada lado del tercer ojo; como los dos lados del cerebro, trabajando en armonía; o como las alas, trascendiendo las limitaciones físicas; y como las dos parcelas de la realidad: lo manifestado y lo no manifestado. La naturaleza no física de este chakra está representada por la luz. En el sentido físico, la luz da en los ojos y se transforma en imágenes. En la esfera de lo esotérico, la intuición es como una luz que entra en el cerebro y puede ser acompañada por una imagen interior. Éstos son los momentos en los que creemos «haberlo encontrado».

# CORRESPONDENCIAS DEL CHAKRA DEL TERCER OJO

Este diagrama del sexto chakra o del tercer ojo identifica todas las asociaciones y simbolismos vinculados con este chakra. Como tal, proporciona una «referencia rápida» de los motivos de inspiración que puedes utilizar cuando realices los ejercicios prácticos, como montar tu altar (consultar pp. 110-111) o elegir piedras apropiadas para el trabajo con cristales (consultar pp. 114-115). Este diagrama te ayudará también con las diversas imágenes que necesitarás cuando compongas tus meditaciones y visualizaciones. Incorpora todos los símbolos y temas que consideres apropiados a tus necesidades personales.

El examen regular de este diagrama del chakra es un preludio a la sección del chakra del tercer ojo, que te ayudará a mantener la mente centrada en las cuestiones relacionadas, incluyendo la conciencia de los beneficios que puedes obtener si trasciendes el mundo puramente físico y te abres a la sabiduría y la visión intuitiva. Te permite conectar con el conocimiento ilimitado al que puedes acceder directamente con el objetivo de responder las preguntas que solías hacer a otros, ya sean mentores, gurús, terapeutas, astrólogos o psíquicos.

## CARACTERÍSTICAS DEL CHAKRA

Observa con cuáles de las siguientes características de la energía del chakra –excesiva («demasiado abierto»), insuficiente («bloqueado») y equilibrada– te sientes identificado; después, determina (la elección es tuya) las acciones necesarias que debes emprender, utilizando las herramientas y las técnicas descritas en este capítulo.

**Demasiado abierto** (el chakra gira a una velocidad excesiva): muy lógico, dogmático, autoritario, arrogante.
**Bloqueado** (el chakra no gira o lo hace con demasiada lentitud): indisciplinado, teme el éxito, tendencia a la esquizofrenia, pone sus miras muy bajas.
**Equilibrado** (el chakra mantiene el equilibrio y gira a la velocidad correcta): carismático, muy intuitivo, no está apegado a las cosas materiales, puede experimentar fenómenos inusuales.

### EL CHAKRA DEL TERCER OJO

**Nombre sánscrito**
*Ajna*

**Significado**
Percibir, conocer

**Ubicación**
Ligeramente por encima del entrecejo

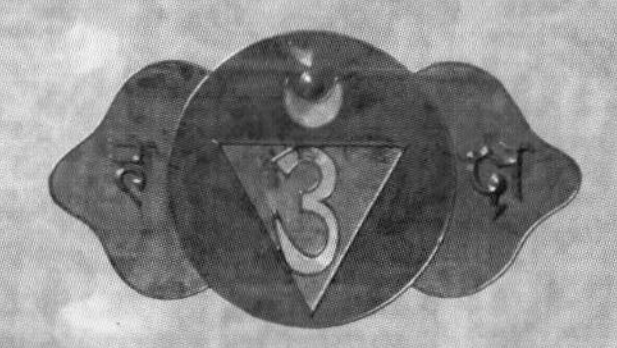

**Símbolo**
Loto con dos pétalos grandes a cada lado, que parecen ojos o alas, alrededor de un círculo que contiene un triángulo con la punta hacia abajo

**Color asociado**
Añil

**Elemento**
Luz, energía telepática

**Planetas dominantes**
Neptuno, Júpiter

Disfunciones emocionales
Pesadillas, dificultades de aprendizaje, alucinaciones
Disfunciones físicas
Dolor de cabeza, mala visión,
perturbaciones neurológicas, glaucoma
Partes corporales asociadas
Ojos, la base del cráneo
Conexión glandular
Pituitaria
Arquetipos
Funcional: Psíquico
Disfuncional: Racionalista
Animal asociado
Ninguno
Asociación social
Ninguna
Asociación sacramental
Ordenación
Objetivos
Capacidad de «ver» con
algo que no son los ojos
Sentido asociado
Sexto sentido
Lección vital
Inteligencia emocional
Alimentos
Ninguno
Cuestión principal
Intuición, sabiduría
Incienso/aceites
Jacinto, violeta, geranio rosa
Edad de desarrollo
No hay
Cristales
Amatista, apatita morada, azurita, calcita,
zafiro, fluorita, lapislázuli

# ARQUETIPOS: EL CHAKRA DEL TERCER OJO

La historia de mi primer libro ilustra perfectamente los arquetipos funcionales y disfuncionales del sexto chakra o del tercer ojo. Surgió la oportunidad de escribir el libro (*The Book of Crystal Healing*) y supe inmediatamente que estaba en mi destino hacerlo, pero los dos lados de mi cerebro luchaban por obtener la supremacía antes de pasar a la acción. El hemisferio izquierdo, el lógico, «me decía» que era un tema extraño e inusual y quizá no me correspondiera a mí. Pero mi lado derecho, el creativo, confiaba en que escribir ese libro era el camino hacia delante. Fue como si hubiera recibido un vislumbre del futuro. Yo iba a escribir el libro, iba a ser un éxito importante y finalmente me conduciría a un área en la que podría crecer. Si hubiera permitido que mi intelecto venciera a mi intuición, nunca me habría orientado por un camino que ahora me ofrece éxito y satisfacción material y espiritual. Pero ¿hasta qué punto es común que cedamos el paso al racionalista que hay dentro de todos nosotros? El arquetipo disfuncional permite el predominio del hemisferio cerebral izquierdo, usualmente por el miedo y la inseguridad que sentimos ante la idea de desmantelar el mundo seguro en el que hemos crecido y que nos ha limitado. En realidad, los racionalistas no son simplemente personas que adoptan una idea «científica» con respecto a todo. Este grupo también incluye a los controladores y a los perfeccionistas, a los que no pueden aceptar los fallos humanos de los demás y son igualmente duros consigo mismos.

El arquetipo funcional de este chakra es el psíquico, lo que no sólo se refiere a las personas que utilizan sus poderes en un sentido profesional, sino a todo aquel que confía en que las respuestas a los desafíos de la vida estén en su interior. Una vez despertados a la necesidad de escuchar, desarrollando el chakra de la garganta o quinto chakra, los psíquicos escuchan ahora a su ser interior. Reconocen que la sabiduría del chakra del tercer ojo es como un susurro que no puede ser oído a menos que se aquiete el ruido de la vida cotidiana. Por eso reconocen la necesidad de la meditación y la contemplación, con el objetivo de que brillen su creatividad e intuición.

LOS FRUTOS DE LA IMAGINACIÓN

**Muchos científicos quedan atrapados en la racionalización, la intelectualización y las teorías. Sin embargo, los científicos e inventores realmente grandes como Albert Einstein y Thomas Edison reconocían que sus descubrimientos procedían más de la imaginación que de la lógica. Muchas de las teorías de Einstein procedían de ensoñaciones, incluyendo una en la que se imaginaba cabalgando en un haz de luz solar y llegó a la conclusión de que el universo era finito y curvo.**

### EL PSÍQUICO

Tras haber afinado sus habilidades, los psíquicos suelen convertirse en artistas excepcionales, en sanadores y terapeutas. Conocen la diferencia entre teoría y práctica: que el individuo realmente dotado no es aquel que «vive como dicen los libros», sino quien confía en que su instinto le proporcionará percepciones únicas.

### EL RACIONALISTA

Al haber elegido no confiar en sus sentimientos, intuiciones y sabiduría interior, quizá porque esos aspectos de sí mismo fueron ridiculizados en su infancia, el racionalista se obliga a mantener una serie de normas que cada vez le aíslan y limitan más.

*Experimenta la meditación, las cuestiones diarias y las afirmaciones de las pp. 116-117 para que desaparezca tu racionalista y alimentes los instintos de tu psíquico.*

## ALTAR:<br>EL CHAKRA DEL TERCER OJO

Jaime siempre se había enorgullecido de su capacidad intelectual. Dirigía una pequeña empresa y, aunque tenía éxito, le resultaba difícil atraer a los empleados adecuados. A menudo sentía una «corazonada», pero la ignoraba, y prefería basar sus decisiones en las cualificaciones de los currículos. Después descubría que sus sentimientos hacia esa persona eran más exactos que cualquier enfoque «científico». No conectar con su intuición significaba también que a veces se veía implicado en tratos comerciales fallidos. Jaime se esforzaba por aprender a confiar en su «guía interior». Su compañera, al darse cuenta de que el enfoque lógico de Jaime ante las relaciones humanas no le estaba sirviendo, le sugirió que preparara un altar:

- Un espejo adornado con un candelero que representa la luz
- Quemador de aceite con aceite de geranio rosa
- La carta del tarot que representa la Justicia
- Una pequeña bola de cristal de cuarzo
- Cintas de ejercicios de visualización para mejorar la intuición
- Un trozo de amatista, que se supone estimula la capacidad visionaria
- El símbolo del chakra del tercer ojo
- Un mandala de color añil
- Un receptor de sueños
- Un búho de barro, por la sabiduría
- Su lámpara favorita
- Una imagen del cerebro que muestra los hemisferios izquierdo y derecho, y las aptitudes adscritas a cada uno

*Este altar es el intento de Jaime de trabajar el chakra del tercer ojo. Es un caso propuesto como inspiración. Elige objetos que tengan un significado personal para ti.*

# EJERCICIO: EL CHAKRA DEL TERCER OJO

El desarrollo de la capacidad de visualizar colores es otra herramienta para acceder a los mensajes y la creatividad del tercer ojo. Adopta una posición cómoda y relajada. Reposa la mirada en el mandala vacío (consulta la otra página; saca una fotocopia en blanco y negro, y el objeto citado parecerá «vacío»), o en cualquier otro dibujo abstracto y sin color que te atraiga.

1. Imagina un haz de luz blanca que incluye todos los colores del arco iris brillando desde el chakra de la corona y recorriendo todo el *sushumna* (ver p. 17). Deja que tu imaginación vaya extrayendo por turnos de esta luz blanca todos los colores del arco iris, para proyectarlos desde tu ojo mental en el mandala vacío.

2. Primero, «extrae» el rojo del chakra primero o de la raíz y llena de rojo todos los espacios blancos del mandala. Después vuelve a centrar la atención en el haz de luz blanca y extrae el tono naranja. Deja que tu imaginación cubra el mandala con el color naranja.

3. Haz lo mismo con el amarillo, el verde, el azul, el añil y el violeta. No te desanimes si el ejercicio te resulta difícil. Puedes ayudarte poniendo telas o papeles de cada color al lado mientras haces el ejercicio. Primero miras el color, lo fijas en el ojo mental y, a continuación, vuelves a poner tu atención en el haz de luz blanca y el mandala.

# CRISTALES CLAVE: EL CHAKRA DEL TERCER OJO

Los cristales que mejoran la intuición y las capacidades psíquicas son aquellos que resuenan con el color añil o azul violeta. Algunos cristales, como la amatista, se pueden utilizar en más de un chakra. Es algo perfectamente aceptable; todo está influido tanto por la variación de tonos como por el poder de tu intención. (Consultar también las pp. 26-27 para obtener información sobre la sanación con cristales.)

## CALCITA

Un cristal que se puede encontrar en una amplia gama de colores, dependiendo de qué otros minerales estuvieron en contacto durante su formación. Se puede utilizar en diversos chakras, pero la calcita clara ayuda a amplificar las energías del tercer ojo, produciendo una apreciación espiritual mayor del lado intuitivo.

## FLUORITA MORADA

La fluorita se encuentra en muchas formas y colores y se la ha considerado como la «piedra del discernimiento», de la que se dice que aporta al mismo tiempo racionalidad e intuición. Utilizada en el chakra del tercer ojo, facilita la apertura de una gama infinita de caminos mentales, aumenta la capacidad de concentración y elimina las falsas ilusiones. La fluorita morada ayuda a la capacidad de articular la información alcanzada psíquicamente.

## AZURITA

Utilizado en el chakra del tercer ojo, este cristal brillante despierta el desarrollo de las capacidades psíquicas y favorece el deseo de actuar según la información intuitivamente recibida. Es una piedra beneficiosa para estimular un tercer ojo bloqueado o infrautilizado. Los mayas utilizaban este cristal para facilitar la transferencia de la sabiduría y el conocimiento interior al pensamiento normal.

## AMATISTA

De colores que varían del morado oscuro al azul claro, la amatista es la «piedra de la meditación» y es igualmente útil para el chakra del tercer ojo y el de la corona. Produce una energía beneficiosa y protectora y transmite una influencia tranquilizante cuando uno está afectado por un torbellino intelectual y emocional. (Consultar también pp. 128-129.)

JAIME (consultar también pp. 110-111)
Por su enfoque escéptico, de «hemisferio cerebral izquierdo», a la sanación con cristales, Jaime no deseaba probar un modelo completo, pero le persuadieron para que utilizara un pequeño trozo de amatista sobre el chakra del tercer ojo como ayuda para la meditación. Aceptó utilizar dos periodos de media hora todos los días, en los que se tumbaría y relajaría, pondría la amatista sobre su entrecejo y escucharía diversas cintas, unas con sonidos naturales y otras con visualizaciones guiadas. Estas últimas estaban especialmente indicadas para provocar en él una aceptación del ser intuitivo. Además, Jaime recibió varias afirmaciones que había de repetir mientras miraba un gran lecho de amatista colocado sobre su escritorio. Entre éstas se incluía la sugerencia de liberar su mente de las limitaciones lógicas y confiar en que su ser superior proporcionara las respuestas a cualquier pregunta.

*Enfoca la sanación con los cristales con mente abierta y tómate el tiempo necesario para elegir y colocar los cristales, concentrándote al máximo en tus necesidades y deseos.*

- *Elige un lugar cómodo y confortable.*
- *Asegúrate de que no vas a ser interrumpido.*
- *Pon una música suave o sonidos naturales.*
- *Enciende incienso o velas aromatizadas.*
- *Lleva ropa suelta.*
- *Ve primero al baño.*
- *Ten a mano un vaso de agua para la rehidratación y enraizamiento posteriores.*
- *Limpia los cristales y sintonízalos (consultar p. 27).*

# MEDITACIÓN: EL CHAKRA DEL TERCER OJO

Antes de empezar elige un momento de tranquilidad y relajación para meditar.

- Siéntate o túmbate delante del altar (consultar pp. 110-111). Deja que los colores, símbolos y asociaciones te inspiren.
- Crea una atmósfera con aceites, velas o inciensos.
- Graba antes las palabras si así lo prefieres. Los puntos suspensivos indican una pausa.

*1. Adopta una posición cómoda y respira lenta y profundamente por la nariz.*

*2. Tensa por turnos cada conjunto de músculos, desde los pies y los tobillos al cuello y la cabeza..., y conforme se relajan siente que te hundes pesadamente en el suelo o la silla...*

*3. Con el ojo de tu mente, sé consciente del chakra del tercer ojo, ligeramente encima del entrecejo, como si fuera una entidad física...*

*4. Concéntrate en el par de alas blancas del símbolo Ajna que están a los dos lados de un círculo (ver p. 106)...*
*Observa un triángulo dorado dentro de ese círculo, con la punta hacia abajo, hacia la tierra..., que conecta tu conciencia superior con tu entidad física...*

*5. Llena ahora ese símbolo con el color añil, que bañará tu frente de un color azul violeta... El violeta baja desde el chakra de la corona que está en la parte superior de tu cabeza..., y el azul asciende desde el chakra de la garganta que está en la base del cuello...*

*6. Tu chakra del tercer ojo es una hermosa flor de loto... Siente sus raíces profundizando en tu frente, conectando con el* sushumna, *la columna central que vincula los tallos de cada chakra...*

*7. Siente la energía del vórtice del tercer ojo que gira sin esfuerzo entre tus ojos físicos... Siente la pulsación de la energía del chakra... Toma conciencia de cualquier otra sensación: huele la fragancia del loto del chakra del tercer ojo...*

*8. El tercer ojo es tan real como tus dos ojos físicos... Está ahí para ofrecerte percepción, clarividencia, la verdad sobre las cuestiones del universo... Trátalo con el mismo cuidado con que lo harías con tus ojos físicos... Ejércelo diariamente... Deja que tu intuición te guíe diariamente, conduciéndote a una vida más fructífera y gozosa.*

## Cuestiones diarias

- ¿Hay en tu vida el silencio suficiente para que los susurros de la intuición sean escuchados? Pasa algún tiempo en silencio. Concéntrate en algo hermoso y permanece quieto y en silencio.
- ¿Cuándo tuviste tu última intuición? Permítete pensamientos sugestivos, sin racionalización. Manténte alerta a las coincidencias y experiencias que puedan contener mensajes.
- ¿Realmente ves lo que te rodea? Ejercita tu percepción física manteniéndote alerta a los detalles, como las formas y colores.
- ¿Buscas respuestas fuera de ti mismo? Haz una lista con las consultas personales, como el motivo de que determinada persona haya entrado en tu vida. Observa las percepciones en forma de imágenes, colores, palabras o frases.

## Afirmaciones

- Reconozco la necesidad de silencio y quietud en mi vida.
- Las respuestas a todas mis preguntas están en mi interior.
- Confío en que mi ser interior me guíe y proteja.
- Confío en mis sentimientos.
- No tengo nada que demostrar. Soy el plan divino manifestándose.
- Estoy lleno de sabiduría.
- Confío en que mi imaginación creará un mundo de felicidad y seguridad para mí.
- La imaginación es la sangre vital de mi creatividad.
- Decido aceptarme a mí y a los demás tal como son.
- Cometer errores me permite aprender, crecer y desarrollarme.

# EL CHAKRA DE LA CORONA *SAHASRARA*

Ya hemos recorrido nuestro camino hasta el chakra séptimo o de la corona. No es un destino o conclusión, sino un renacimiento con el que nos preparamos para el despliegue continuo de experiencias nuevas. Este concepto está representado por el nombre sánscrito del chakra, *Sahasrara*, que significa «multiplicado por mil». Su símbolo es un halo de mil pétalos blancos, sinónimo del infinito, cada uno de ellos sintonizado con los más elevados estados de conciencia. El desarrollo de los otros chakras fue como caminar sobre piedras empinadas que nos conducían a este objetivo último: la iluminación, la autorrealización, el logro y el ser divino. El chakra de la corona amplía todavía más los conceptos introducidos por el trabajo en los chakras de la garganta y el tercer ojo: la comunicación y la interconexión con todas las cosas y todo el conocimiento. Cuando despertamos el chakra de la corona, estamos abiertos a las posibilidades de la infinitud del espacio y el tiempo, y contamos con la comprensión y la sabiduría divinas que nos permitirán cosechar los beneficios. El *Sahasrara* está vinculado elementalmente con la energía y el pensamiento cósmicos, sin las limitaciones y restricciones de las pautas anteriores. Este nivel abandona el intelecto al poder de la experiencia apasionada y el «conocimiento». No es de extrañar que los sabios hayan descrito este estado con los términos de bendición, embeleso y éxtasis: cuando la diosa Kundalini, tras haber despertado cada uno de los chakras, alcanza el más regio de todos.

# CORRESPONDENCIAS DEL CHAKRA DE LA CORONA

Este diagrama del séptimo chakra o de la corona identifica todas las asociaciones y simbolismos vinculados con este chakra particular. Como tal, proporciona una «referencia rápida» de los temas de inspiración que has de utilizar cuando realices los ejercicios prácticos, como el montaje de tu altar (consultar pp. 124-125) o elegir las piedras apropiadas para el trabajo con cristales (consultar pp. 128-129).

Este diagrama también te ayudará con las diversas imágenes que necesitarás al componer tus propias meditaciones y visualizaciones. Incorpora todos los símbolos y temas que te resulten apropiados para tus necesidades.

Observa con regularidad este diagrama como un preludio a la sección del chakra de la corona, lo que te ayudará a mantener tu mente centrada en las cuestiones relacionadas, incluyendo la reprogramación de las pautas disfuncionales del pensamiento y la conducta.

Nuestro viaje por los chakras nos ha llevado a un nuevo horizonte y desde esta perspectiva espiritual ha ampliado nuestra conciencia, por lo que llevamos una vida más plena, gozosa y saludable.

## CARACTERÍSTICAS DEL CHAKRA

Observa con cuáles de las siguientes características de la energía del chakra –excesiva («demasiado abierto»), insuficiente («bloqueado») y equilibrada– te sientes identificado; después, determina (la elección es tuya) las acciones necesarias que debes emprender, utilizando las herramientas y las técnicas descritas en este capítulo.

**Demasiado abierto** (el chakra gira a una velocidad excesiva): psicótico o maníaco depresivo, expresión sexual confusa, frustrado, sensación de que el poder no se ha realizado.
**Bloqueado** (el chakra no gira o lo hace con demasiada lentitud): constantemente agotado, no puede tomar decisiones, no tiene sentimientos de «pertenencia».
**Equilibrado** (el chakra mantiene el equilibrio y gira a la velocidad correcta): personalidad magnética, logra «milagros» en la vida, trascendente, en paz con el ser.

## EL CHAKRA DE LA CORONA

**Nombre sánscrito**
*Sahasrara*

**Significado**
Multiplicado por mil

**Ubicación**
En la coronilla o parte superior de la cabeza

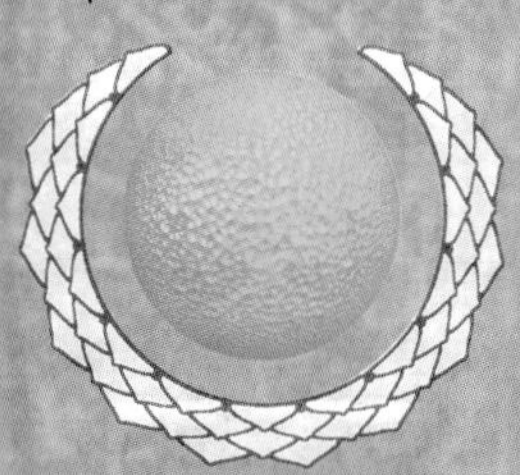

**Símbolo**
La flor de loto de mil pétalos

**Colores asociados**
Violeta, dorado, blanco

**Elemento**
Pensamiento, energía cósmica

**Planeta dominante**
Urano

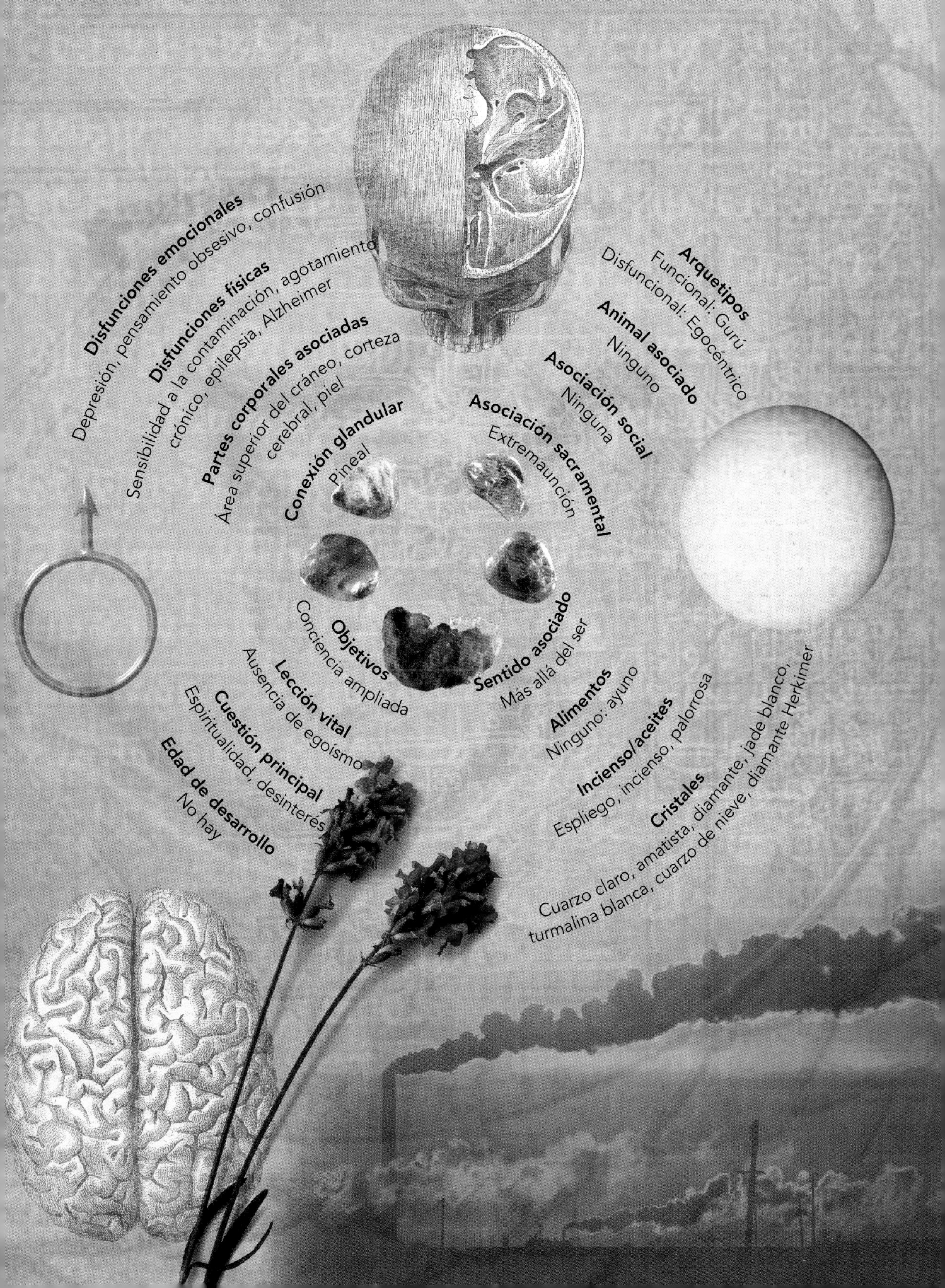

**Disfunciones emocionales**
Depresión, pensamiento obsesivo, confusión

**Disfunciones físicas**
Sensibilidad a la contaminación, agotamiento crónico, epilepsia, Alzheimer

**Partes corporales asociadas**
Área superior del cráneo, corteza cerebral, piel

**Conexión glandular**
Pineal

**Asociación sacramental**
Extremaunción

**Asociación social**
Ninguna

**Animal asociado**
Ninguno

**Arquetipos**
Funcional: Gurú
Disfuncional: Egocéntrico

**Objetivos**
Conciencia ampliada

**Sentido asociado**
Más allá del ser

**Lección vital**
Ausencia de egoísmo

**Alimentos**
Ninguno: ayuno

**Cuestión principal**
Espiritualidad, desinterés

**Incienso/aceites**
Espliego, incienso, palorrosa

**Edad de desarrollo**
No hay

**Cristales**
Cuarzo claro, amatista, diamante, jade blanco, turmalina blanca, cuarzo de nieve, diamante Herkimer

# ARQUETIPOS: EL CHAKRA DE LA CORONA

El éxito y la espiritualidad no son mutuamente excluyentes. Sin embargo, cuando se busca el primero a expensas del último, el resultante estado de desequilibrio ilustra la diferencia entre los arquetipos positivo y negativo del séptimo chakra o de la corona: el gurú y el egocéntrico.

Una expresión común del egocéntrico es «yo creo mi propia suerte». Por su concentración total en el mundo material y en la ilusión de que lo controla, el egocéntrico no tiene conciencia de lo divino, ni relación alguna con ello. Estos adictos del control se consideran totalmente responsables de todos los beneficios que consiguen en la vida. Ciertamente, su bienestar psicológico depende en gran parte del éxito material, pues los egocéntricos se identifican exclusivamente con lo que hacen, no con quienes son. El problema es que están tan atareados concentrándose en su destino que se olvidan de disfrutar del viaje, y su tendencia a la adicción al trabajo a menudo los deja solos y sin gratificación en los niveles más profundos.

La perspectiva del mundo que tiene el egocéntrico es mecanicista, pues no tiene tiempo para nada que no se pueda explicar lógicamente. Por ello, no consigue extraer beneficios de todo lo que de misterioso e inexplicable hay en la vida. A veces, quizá muy tarde, cuando los atavíos del éxito, sobre todo el estatus en el trabajo, han desaparecido con la jubilación o porque han perdido el empleo (o porque su salud sufre por causa del implacable estilo de vida que ellos consideran «bueno»), los egocéntricos se ven obligados a enfrentarse a su bancarrota espiritual.

El título de gurú no es sólo aplicable a un místico que está sentado en la cima de una montaña meditando sobre la vida. Creo que este estado lo pueden lograr igualmente aquellos cuyo triunfo en el mundo es tan grande como el del egocéntrico. Sin embargo, el gurú tiene una perspectiva expansiva de su situación en el mundo. Puede concentrarse en objetivos específicos y alcanzables, pero sabe que hay infinitas posibilidades, más de las que la mente humana puede imaginar, a través de las cuales estos objetivos podrían realizarse. Por tanto, están abiertos y dispuestos a aceptar lo inesperado, lo extraño, las coincidencias. A diferencia del egocéntrico, arrogante y centrado en sí mismo, el gurú acepta lo poco que sabe, por lo que confía en que su conexión con su ser superior le proporcionará siempre el camino o la respuesta

LA CRISIS EGOCÉNTRICA
En mitad de la vida se produce un punto de crisis cuando el deseo profundo de significado y propósito no es satisfecho con el éxito material. Es común que los egocéntricos se pregunten entonces: «¿Esto es todo?», «¿Ésta es toda mi vida?». Las experiencias traumáticas pueden encontrarlos indecisos. ¿Por qué la fuerza de voluntad ya no sirve? Sólo entonces el egocéntrico puede aprender la lección que el gurú ya había aprendido: entregarse a la voluntad divina o «distanciarse con respecto a los resultados».

adecuada. Estos individuos irradian una calma interior que procede de una aceptación total de quienes son realmente, sin importarles lo que son. No son seres humanos intentando ser espirituales, sino seres espirituales aprendiendo las lecciones emocionales vitales al llevar temporalmente el mando de la humanidad.

### EL GURÚ

Este arquetipo, en muchos aspectos, es la clave de la vida de éxito en este mundo, al aceptar las limitaciones personales y la conciencia de que todas las cosas son posibles.

### EL EGOCÉNTRICO

La autodeterminación y el rígido control de su propia vida hacen que los egocéntricos valoren el materialismo, para descubrir, cuando ya no tiene significado, que carecen de los recursos interiores necesarios para obtener más de la vida.

*La meditación, las cuestiones diarias y las afirmaciones de las páginas 130-131 te ayudarán a conseguir la conexión con tu gurú y a liberarte de las exigencias del egocéntrico.*

## ALTAR: EL CHAKRA DE LA CORONA

Tras muchos años de éxito dirigiendo su propia consultoría, Carmen comprendió que las posesiones materiales que en otro tiempo había ansiado ya no la satisfacían. Sorprendió a sus amigos anunciando que iba a simplificar su vida, vender su casa en la ciudad y trabajar como *freelance* desde la zona rural que más amaba y que era famosa por su belleza natural y conexiones espirituales. Carmen estaba decidida a demostrar que era posible ser «espiritual» mientras se llevaba una existencia práctica y terrenal. Reconoció que, aunque es agradable poseer bellos objetos, estas posesiones son solamente «cosas»; no la suma total del propio ser. Una de las primeras cosas que hizo Carmen en su nuevo hogar fue crear un altar que la representaba abandonando los valores materiales que previamente había conseguido. Su altar, aunque con pocas cosas es hermoso:

- Un jarrón de cristal con agua fresca y violetas
- Un paño de altar blanco y delicado, regalo de su amigo más querido
- Un diamante Herkimer, que se cree mejora las cualidades espirituales
- Un modelo pequeño y de color dorado del dios hindú Shiva
- Un cuenco de cristal claro con agua, guijarros de cristal y velas flotantes, que representan el loto de los mil pétalos
- Una sola vela blanca
- Una pirámide de cuarzo claro
- Una imagen de *El Pensador* de Rodin, por el elemento del pensamiento

*Este altar es el intento de Carmen de trabajar su chakra de la corona. Es un caso propuesto como inspiración. Elige aquellos objetos que tienen un significado personal para ti.*

# EJERCICIO: EL CHAKRA DE LA CORONA

Siempre que no tengas una enfermedad del corazón, hipertensión o problemas oculares, puedes hacer el puntal con un poco de paciencia y práctica. Invertir el cuerpo contrarresta los efectos negativos de la gravedad. Entre los beneficios se incluyen la mejora de la circulación, la prevención y alivio de los problemas de espalda, mejora de la memoria y concentración, y una experiencia diferente del tiempo y el espacio. Tómate el tiempo necesario para asegurarte de que las manos y los codos están en la posición correcta antes de intentar levantar los pies del suelo. La respiración puede resultar difícil al principio, pues la inspiración tiende a ser más profunda en el estado invertido.

1. Arrodíllate sobre una colchoneta suave y coloca los antebrazos encima, uno al lado del otro, sosteniendo con cada mano el codo contrario. Manteniendo los codos en esta posición, libera las manos y colócalas delante de ti, con los dedos entrelazados. Baja la cabeza hasta ponerla sobre el suelo, sosteniéndola con las manos. Mantén los codos en posición durante toda la secuencia. Estira las rodillas y levanta las caderas para que tu cuerpo forme un triángulo con el suelo.

2. Manteniendo las rodillas rectas y el cuello directamente en línea con la columna vertebral, camina lentamente hacia tu cabeza lo más que puedas.

3. Flexiona las rodillas hacia el pecho y levanta los pies del suelo, deteniéndote para asegurarte de que las caderas se inclinan ligeramente hacia atrás.

4. Quieto, con las rodillas flexionadas, levanta las piernas en el aire utilizando los músculos abdominales.

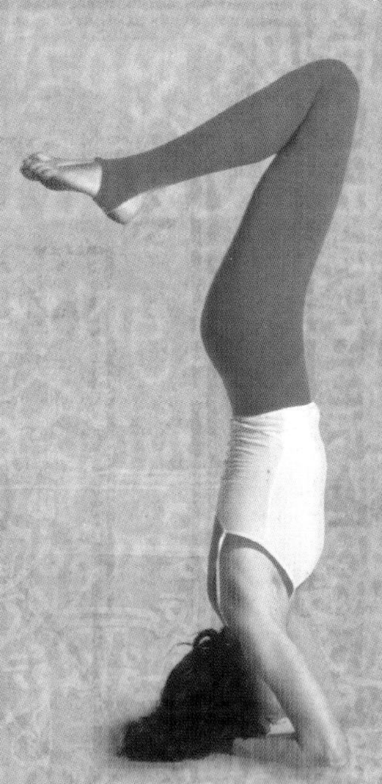

5. Cuando te sientas seguro, extiende lentamente las piernas hacia el techo, descansando el peso del cuerpo sobre los antebrazos. Gradualmente, aumenta el tiempo que permaneces en esta postura, sobre todo si no estás acostumbrado a hacerlo. Completado el ejercicio, invierte la secuencia para descender.

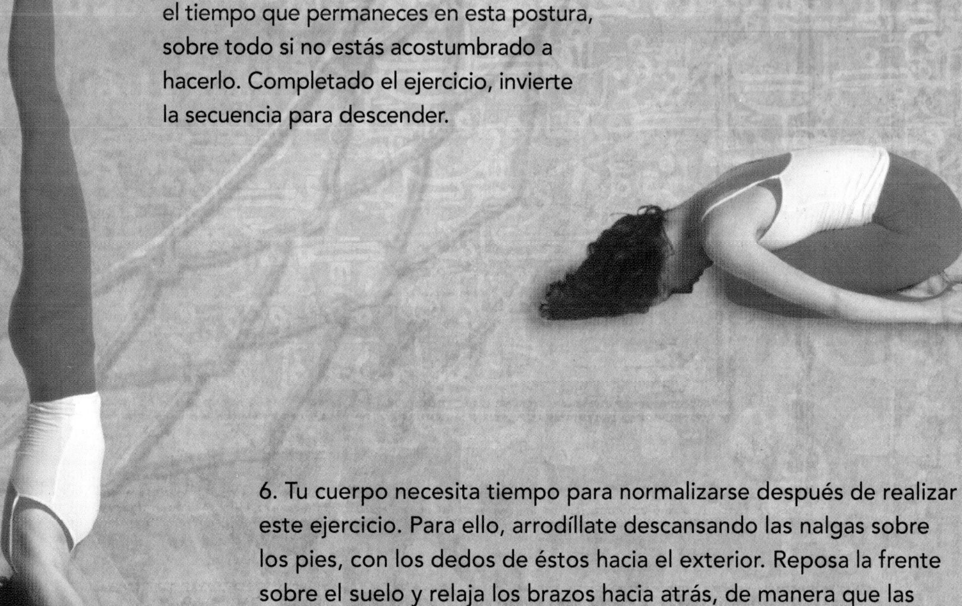

6. Tu cuerpo necesita tiempo para normalizarse después de realizar este ejercicio. Para ello, arrodíllate descansando las nalgas sobre los pies, con los dedos de éstos hacia el exterior. Reposa la frente sobre el suelo y relaja los brazos hacia atrás, de manera que las palmas, vueltas hacia arriba, estén junto a los pies. Mantén esta posición al menos durante seis respiraciones nasales profundas.

# CRISTALES CLAVE: EL CHAKRA DE LA CORONA

La claridad de la percepción y la autocomprensión conseguidas cuando el chakra de la corona funciona apropiadamente se corresponde con la transparencia de muchos cristales utilizados para la corona. Los cristales de cuarzo claros o incoloros son particularmente útiles, dado que todos los colores del arco iris, combinados en proporciones iguales, producen la luz blanca. (Consultar también las pp. 26-27 para obtener información sobre la sanación con cristales.)

## CUARZO CLARO
Un cristal maravilloso «que sirve para todo», para la meditación o la sanación, que puede ampliar, centrar y transformar la energía, aportando equilibrio y armonía a cualquier chakra. Se cree que ayuda a estimular los estados de conciencia alterados y asiste al movimiento de la energía de Kundalini para producir la realización del poder espiritual.

## DIAMANTE HERKIMER
Una forma única de cuarzo que comúnmente se encuentra como cristales cortos y de doble terminación. Estos diamantes ayudan a producir una armonía en todo el cuerpo, impulsando la autoaceptación y el deseo de «ser» en lugar de «hacer». Se dice que, llevado en un bolsillo, es un excelente antidepresivo.

## AMATISTA
Se dice que este cristal abre y activa el chakra de la corona, equilibra las energías de los cuerpos físico, emocional y mental, y ayuda a facilitar un sentido de espiritualidad y satisfacción. Piedra excelente para la meditación, ayuda a la mente a entregarse al ser superior. Su mensaje es: «Déjate ir y confía.»

## DIAMANTE
La palabra italiana para diamante, *amante de Dio*, significa «amante de Dios», y se dice que este apreciadísimo cristal estimula la visión y la espiritualidad. El diamante es el símbolo de la perfección, y nos permite avanzar hacia nuestro más elevado potencial espiritual. Se cree que su brillo mantiene alejada la negatividad.

CARMEN (consultar también pp. 124-125)
Se utilizó un trazado corporal completo para ayudar a Carmen a conseguir estados de conciencia alterados con los que conectar con su ser superior. Para equilibrar su sistema completo, colocó los cristales siguientes en cada chakra:

- **Cuarzo ahumado:** en el chakra de la raíz (consultar pp. 44-45);
- **Topacio dorado:** en el chakra del sacro (consultar pp. 58-59);
- **Malaquita:** en el chakra del plexo solar (consultar pp. 72-73);
- **Cuarzo rosa:** en el chakra del corazón (consultar pp. 86-87);
- **Aguamarina y celestina:** en el chakra de la garganta (consultar pp. 100-101);
- **Amatista:** en el chakra del tercer ojo (consultar pp. 114-115);
- **Cuarzo claro terminado en un sólo extremo:** apuntando hacia el chakra de la corona.

Además, Carmen sostenía en sus manos cristales de cuarzo claro de un solo extremo y los colocó en la base de sus pies, con los extremos puntiagudos hacia su cuerpo, para que circulara la energía sanadora. Se colocaron diamantes Herkimer entre cada uno de los chakras para ayudar a proporcionar un conducto limpio para que la energía fluyera entre ellos.

*Enfoca la sanación con cristales con mente abierta y tómate el tiempo necesario para elegir y colocar los cristales, concentrándote al máximo en tus necesidades y deseos.*

- *Elige un lugar cómodo y confortable.*
- *Asegúrate de que no vas a ser interrumpido.*
- *Pon una música suave o sonidos naturales.*
- *Enciende incienso o velas aromatizadas.*
- *Lleva ropa suelta.*
- *Ve primero al baño.*
- *Ten a mano un vaso de agua para la rehidratación y enraizamiento posteriores.*
- *Limpia los cristales y sintonízalos (consultar p. 27).*

# MEDITACIÓN: EL CHAKRA DE LA CORONA

Antes de empezar elige un momento de tranquilidad y relajación para meditar.

- Siéntate o túmbate delante del altar (consultar pp. 124-125). Deja que los colores, símbolos y asociaciones te inspiren.
- Crea una atmósfera con aceites, velas o inciensos.
- Graba antes las palabras si así lo prefieres. Los puntos suspensivos indican una pausa.

*1. Mientras estás sentado o tumbado en un lugar cálido, silencioso y seguro, imagina una gorra hecha de mil pétalos blancos sobre la coronilla de tu cabeza.*

*2. A través del centro, donde se unen los pétalos, hay una abertura por la que se derrama una luz dorada/blanca/violeta (tú eliges)... Es tu vínculo con la fuente divina..., tu conexión con todo lo que alguna vez fue, es o será...*

*3. Deja que esta luz se derrame por todo tu cuerpo... nutriendo cada célula, cada fibra de tu ser... de conciencia pura...*

*4. Una conciencia que trasciende el pensamiento normal y los sentidos ordinarios... Una conciencia que te lleva más allá del espacio y el tiempo, a un estado de conocimiento profundo...*

*5. Es tu vínculo con una esfera ilimitada de comprensión, de conocimiento...*

*6. La capacidad de confiar en que todo en tu vida se está desplegando exactamente como debiera, para tu bien supremo... Siente el poder de esta conexión como la luz que baña tu cuerpo interna y externamente con su radiación divina...*

*7. Estás siendo iluminado... Es el proceso de abrir los bloqueos mentales que te han encadenado a las realidades mundanas en el pasado...*

*8. Ahora permites que tu mente se eleve por encima de sus limitaciones terrenales y se separe de los constreñimientos de tu mente mortal...*

*9. Al hacerlo así, te estás uniendo a tu ser superior..., a experiencias nuevas..., nuevos principios..., un nuevo despertar.*

## CUESTIONES DIARIAS

- ¿Sigues una y otra vez las pautas de conducta y pensamiento familiares? Muévete a un territorio no explorado, del que podrás disponer cuando recorras tu chakra de la corona.
- ¿Tu identificación personal empieza y termina con el estatus laboral o económico? Redacta una lista con las palabras que describen tu ser esencial. Aumenta esa lista diariamente.
- ¿Puedes reservarte un tiempo diario para la meditación? Es la clave para conseguir la iluminación.
- ¿Crees que también tú puedes conseguir estados místicos de conciencia? Lee acerca de las personas ordinarias cuya vida ha sido transformada por un estilo vital más iluminado.
- ¿Controlas tu destino? Piensa en aquel momento en que sucedió algo maravilloso. ¿Controlaste ese acontecimiento? Manténte abierto a las coincidencias que añaden magia a tu vida.
- ¿Hay algún problema en tu vida que estés luchando para controlar con la fuerza de voluntad? Practica el distanciarte de los resultados deseados. Inspira profundamente y afirma: «Confío en que el resultado será para mi bien supremo, sea el que sea.» Después, distánciate.

## AFIRMACIONES

- Sintonizo con la unión a mi poder supremo.
- Estoy empezando a aceptarme tal como soy, con amor y gratitud.
- Dejo de limitarme intelectualmente y en mi creatividad, y conecto mi espíritu con el origen de todo conocimiento.
- Soy un ser único, radiante, amoroso.
- Decido vivir mi vida desde un lugar de amor y alegría.
- Decido transformar mi vida y ser libre.
- Libero todos mis pensamientos limitados y me elevo a niveles cada vez más altos de la conciencia.
- Soy quien soy y me glorifico en eso.

# Enfoques integrados

El equilibrio de los chakras suele combinarse con otras terapias alternativas, pues los enfoques globalizadores requieren una comprensión de los chakras para curar los aspectos físicos, emocionales y espirituales del ser. Cada vez más, los practicantes de una amplia gama de disciplinas estudian cómo la energía o *chi*, transmitida a través de los chakras, produce un impacto profundo en el bienestar. Eso podría ser lo que marca la diferencia entre un buen terapeuta, bien formado, de amplia experiencia, y un sanador auténtico, alguien cuya energía de los chakras equilibrada ofrece una dimensión adicional a su trabajo con los demás. Aunque no es posible cubrir todas las áreas en las que el conocimiento de los chakras mejora un enfoque particular, describimos aquí cuatro disciplinas populares que utilizan extensamente el sistema.

## AROMATERAPIA

Es al mismo tiempo un arte y una ciencia que utiliza los aceites esenciales de las plantas y las flores para curar, embellecer y favorecer el bienestar emocional y espiritual. En un nivel químico, los aceites esenciales incluyen diversos componentes físicos que, aplicados a la piel, entran en la corriente sanguínea y recorren el cuerpo. Sin embargo, hay otra perspectiva que afirma que estas esencias pueden ayudar a la sanación vibratoria, pues contienen la energía de la fuerza vital universal, o «alma», de la planta, que es lo que interactúa con nuestra propia energía o *chi* para estimular, contener o equilibrar los chakras. Los aromaterapeutas que integran una compresión de los chakras en su trabajo, para lograr un equilibrio del sistema de siete

chakras, suelen buscar un vínculo entre el color del aceite o de la flor. Por ejemplo, los aceites esenciales para el chakra primero o de la raíz, relativos al enraizamiento y el centrado, incluyen notas básicas marrones o rojizas, como mirra, vetiver y madera de cedro. No hay dos expertos que estén de acuerdo con respecto a qué aceites funcionan mejor con cada chakra, pues cada aceite puede influir de distinto modo en cada individuo, dependiendo de que requiera más energía, más tranquilidad o simplemente el equilibrio. Como en todo trabajo intuitivo, la armonía del cuerpo y la mente se restaura mejor siguiendo las preferencias personales. Por eso, un buen aromaterapeuta te pedirá siempre que huelas y aceptes los aceites que ha seleccionado previamente.

## REIKI

Es otra forma importante de la «medicina de la energía» en la que los practicantes, tras haber «sintonizado» con la energía reiki en ceremonias especiales (dirigidas por un maestro reiki), se convierten en «canales» de reiki, o la energía de la fuerza vital universal. Transmiten la energía colocando sus manos sobre áreas específicas, incluyendo los chakras, y utilizando posiciones manuales específicas. El resultante equilibrio de las energías puede actuar en un nivel físico, mental, emocional o espiritual, dependiendo de las necesidades del receptor. La manifestación física de la energía sanadora de un practicante reiki es la calidez, o «calor», que irradia de las manos. Muchas personas han explorado el método reiki simplemente por la profunda experiencia de relajación que ofrece. Otros afirman que se benefician de su «reajuste» energético. También se dice que el reiki ayuda a aliviar el dolor, y aunque no existen testimonios de que pueda «curar» las enfermedades crónicas, muchos de los afectados por ellas han descubierto que la calidad de vida mejora con el alivio físico y psicológico provocado por el equilibrio de las energías.

## REFLEXOLOGÍA

El antiguo arte de aplicar presión sobre determinadas partes de los pies para afectar a un órgano o área relacionados fue practicado por primera vez por los sanadores orientales hace miles de años. Pero no fue hasta 1913 cuando el especialista en enfermedades de oídos, nariz y garganta, el doctor William Fitzgerald, introdujo en Occidente la Terapia de Zona, llamada ahora reflexología. Los reflexólogos consideran los pies como espejos del cuerpo en los que los dedos representan la cabeza y el cerebro, y van descendiendo hasta los talones, que se corresponden con el área pélvica. Donde hay partes del cuerpo en el lado izquierdo y el derecho (como los riñones), el reflexólogo trabajará sobre las partes correspondientes de ambos pies. En algunos casos, como el corazón, sólo trabajará el pie izquierdo. De la misma manera que un reflexólogo aplicará una presión suave a todas las partes de los pies, localizando los puntos en los que se produzca dolor, que indica un bloqueo en la parte correspondiente del cuerpo, algunos practicantes trabajan específicamente sobre los chakras para ayudar en una disfunción o problema emocional particular. Para ello, se centran en los caminos de la energía vital, o «meridianos», que están relacionados con las glándulas y órganos asociados con cada chakra. Aunque habitualmente se piensa en la reflexología como un medio de tratar enfermedades físicas, un terapeuta con conocimiento del sistema de chakras puede ampliar su experiencia al nivel mental y emocional.

## ASTROLOGÍA

Ya antes de Cristo, los sacerdotes astrólogos de Mesopotamia vinculaban los pasos dados por el alma en su viaje metafísico hacia la iluminación con los arquetipos planetarios. Hoy, los astrólogos, que consideran que su ciencia es otra herramienta para la comprensión y la transformación personal, utilizan también los planetas y signos del zodíaco para ilustrar las lecciones y retos que debemos aprender en cada encarnación. Los planetas ilustran diferentes jerarquías de significado y simbolizan las experiencias, las características y acontecimientos de la vida que encontramos durante este viaje a los diferentes niveles de la conciencia. Se cree que nacer en un determinado momento y con una serie particular de posiciones planetarias es una carta personal de las lecciones kármicas que hemos «decidido» aprender en esta vida. Incluimos a continuación una breve explicación de cada una de las asociaciones entre chakras y planetas.

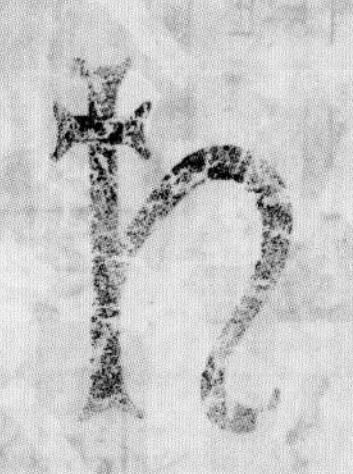

### Chakra primero o de la raíz/Saturno

Saturno representa el bagaje terrenal que nos impide ascender hacia nuestro ser superior; su posición en nuestra carta natal indica dónde nos ponemos limitaciones innecesarias, impuestas a menudo por la sociedad, la cultura y la familia. Saturno representa también el ego, los miedos, dudas, reglas y la necesidad de controlar en la que basamos nuestra seguridad, pero que inevitablemente nos abrumará y aprisionará.

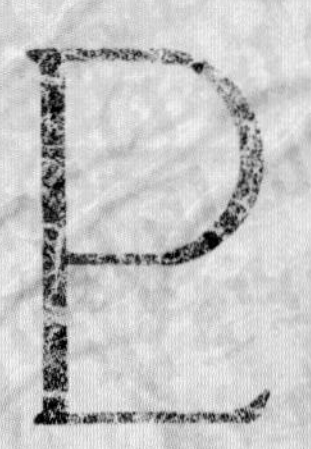

**Chakra segundo o del sacro/Plutón**

El dios mitológico del submundo, Plutón, rige los órganos sexuales y representa los impulsos instintivos y primitivos, como el impulso sexual y todas las cosas ocultas y secretas. La muerte y el sexo se han vinculado tradicionalmente en la mitología, la poesía y en relatos como *Drácula*, de Bram Stoker.

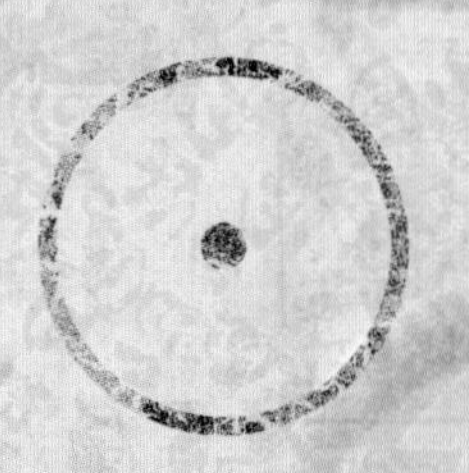

**Chakra tercero o del plexo solar/Sol y Marte**

Las asociaciones de poder personal de este chakra como fuente primaria de la energía pueden relacionarse con el Sol, con el que tiene conexiones simbólicas y de color directas. La conexión planetaria secundaria, Marte, es la de un planeta que impulsa a la acción de un espíritu audaz, que coincide con los objetivos del plexo solar de resistencia y sentido del propósito.

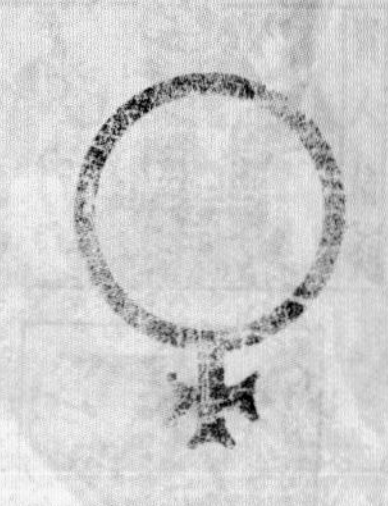

**Chakra cuarto o del corazón/Venus**

La Venus mitológica, la diosa griega Afrodita, se asocia tradicionalmente con el amor. Como el chakra del corazón, que tiende un puente entre los chakras inferiores y superiores, Venus representa el aspecto dual del deseo terrenal y la pasión por una parte, y la más efímera naturaleza divina del amor por otra.

**Chakra quinto o de la garganta/Mercurio**

Mercurio, o Hermes, es el mensajero mitológico de los dioses y en su bastón, el caduceo, se simboliza todo el sistema de los chakras. Mercurio es el planeta de la comunicación y representa nuestra capacidad de articular nuestros pensamientos, pero también de interpretar con precisión lo que oímos a los demás.

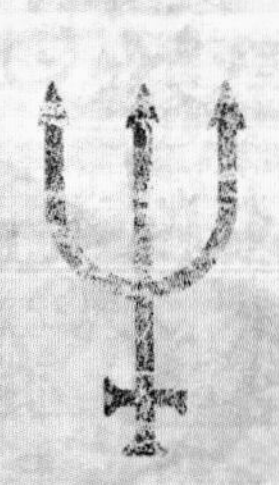

**Chakra sexto o del tercer ojo/Neptuno y Júpiter**

Neptuno está considerado como el arquetipo planetario que abre las puertas de nuestra percepción y nos permite experimentar el éxtasis del espíritu mediante la creatividad. Su desafío en una carta natal es aceptar lo que recibimos mediante la intuición, sin necesidad de racionalizarlo, y por tanto, sin rechazar las cosas a favor del materialismo más tangible. Antes del descubrimiento de Neptuno, se decía que Júpiter estaba conectado con el pensamiento telepático.

**Chakra séptimo o de la corona/Urano**
Urano es el planeta que eleva la conciencia, entregándonos el dominio espiritual. Nos ofrece la capacidad de elevarnos por encima del plano material y ver «la imagen completa». Su espiritualidad es distanciamiento: nos liberamos de necesitar saber los resultados, confiando en que la vida ofrece más de lo que podemos imaginar.

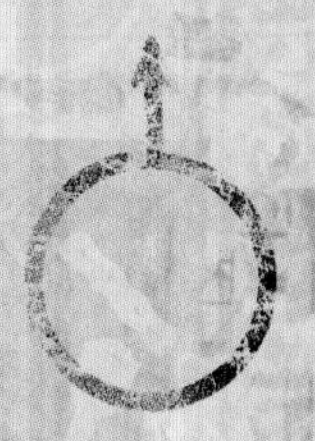

## EPÍLOGO

Espero que este libro te haya inspirado a considerar las maneras en que puedes poner en equilibrio tus chakras en la vida cotidiana. La gran variedad de inspiraciones ofrecidas se basa en considerar que eres un individuo único y, por tanto, te interesará algo muy distinto de lo que interesa a los demás. Honra siempre esa individualidad y ajusta las sugerencias ofrecidas de acuerdo con tus necesidades intuitivas.

Si ya has organizado un altar, probado alguno de los ejercicios físicos o te has sentido impulsado a escribir un diario para explorar las cuestiones psicoemocionales que rodean a determinados bloqueos de los chakras, quizás desees reflexionar sobre lo diferente que te sientes en comparación con el momento en que abriste por primera vez este libro. ¿Qué ha cambiado en tu vida interna y externamente? Sin embargo, con independencia de la fase en la que te encuentres en tu recorrido por los chakras, puedes estar tranquilo sabiendo que el simple hecho de haber expresado la necesidad de equilibrio en tu conciencia te conducirá inexorablemente hacia ese estado. La acción simplemente acelera el proceso.

Ya dije que el conocimiento es poder. Deseo sinceramente que el hecho de que aprendas a conocerte un poco mejor, aplicando las técnicas ofrecidas en este libro a tus retos en la vida, produzca un renacimiento de tu poder, tu satisfacción y tu placer como ser humano entero y equilibrado.

Tal como dijo Dolly Parton: «Descubre quién eres; después, actúa como tal.»

# Glosario

**Afirmación**
Una frase positiva y personalmente inspirada que actúa como potente herramienta curativa para contrarrestar el condicionamiento negativo anterior.

**Altar**
Un punto focal para la meditación y la contemplación, que usualmente muestra una colección personal de posesiones significativas. A veces, para mejorar la experiencia, se utiliza un ritual.

**Arquetipo**
Un tema o modelo universal del desarrollo emocional humano o de los ritos de pasaje.

**Aura**
El campo de energía «sutil» que rodea el cuerpo físico, invisible para todos salvo para los individuos dotados, o mediante procesos como el escáner de aura y la fotografía Kirlian.

**Bloqueo**
Una disfunción del sistema de chakras que inhibe el paso fluido de la energía sutil.

**Chakras**
Un sistema integrado de los centros de energía metafísica que afecta al bienestar físico, mental, emocional y espiritual.

**Cristal**
Material sólido con una estructura atómica interna ordenada de esquemas tridimensionales regulares.

**Cuerpo/energía sutil**
La parte de nosotros mismos que resuena en niveles vibratorios, invisible a la vista «normal».

**Enraizamiento**
La importancia de mantener la conexión con la tierra para estar plenamente centrado.

**Ser superior**
Esa parte de nosotros mismos de la que, una vez sintonizados, podemos recibir la guía divina.

**Kundalini**
Mítica diosa en forma de serpiente que se dice se eleva a través de los chakras en el viaje hacia la iluminación.

**Lingam**
El falo hindú, un símbolo de Shiva.

**Mandala**
Un símbolo universal abstracto utilizado como ayuda para la meditación y para lograr estados superiores de la conciencia.

**Meridiano**
Un canal a través del cual fluye por el cuerpo la energía sutil.

**Sistema endócrino**
Uno de los más importantes sistemas de control del cuerpo que transmite las hormonas producidas desde una serie de glándulas a través del cuerpo físico. Desde una perspectiva amplia, el sistema se corresponde con las posiciones de los siete chakras principales.

**Sushumna**
El equivalente de la columna vertebral en el campo de la energía; la columna vertical dentro de la cual se localiza el sistema de los chakras principales.

**Fuerza vital universal**
Inexplicable origen natural de la vida que juega un papel vital en la salud y la sanación.

**Yin y yang**
Según la filosofía china antigua, las dos fuerzas opuestas pero complementarias que actúan en la naturaleza.

# ÍNDICE TEMÁTICO

**Reconocimientos del autor**

Creo que cada una de nuestras relaciones tiene algo que enseñarnos acerca de los chakras. Estas son las personas con las que estoy en deuda porque me han ayudado a equilibrar y curar los míos, y con ello han contribuido a escribir este libro: Martine Delamare; Maggie Sapiets; Bonnie y John McGrath; Paul Kitson; Caroline Faulkener; Jean Taylor; Teresa Hale; Jo Godfrey Wood. Y ciertamente, no han sido menos importantes mis hijos, Graeme y Caroline, por enseñarme el significado del amor incondicional y mantenerme con los pies en la tierra.

**Reconocimientos del editor**

Gaia Books quisiera agradecer a las siguientes personas su contribución a este libro: Sam Dightam, Sarah Harris, Missak Takoushian, Sandi Takoushian, Meriam Soopee (modelos), Mary Warren (índice y lectura de pruebas), Mark Preston, Matt Moate, y a todos los que prestaron su apoyo.

# COLECCIÓN CUERPO - MENTE

## *YOGA PARA EL ESTRÉS*

SWAMI SHIVAPREMANANDA

El director del Centro Sivananda de América latina presenta en esta obra un completo programa de yoga orientado a aliviar el estrés y las tensiones de la vida diaria. Estructurado con precisión y con detalladas ilustraciones a todo color, es útil tanto para la práctica privada como para complementar las actividades de un curso genérico de yoga, y tanto para principiantes como para practicantes expertos. Incluye posiciones (asanas), técnicas respiratorias y meditaciones.

## *TUI NA PASO A PASO*

MASAJE PARA DESPERTAR EL CUERPO Y LA MENTE.

MARIA MERCATI

El Tui Na forma parte de la medicina tradicional china. Es un masaje terapéutico, energético y vigorizador que puede incluso utilizarse para mejorar el rendimiento atlético. La autora, principal exponente de esta disciplina en Occidente, presenta en esta completa guía a todo color instrucciones detalladas de masaje y manipulación para aliviar dolores, liberar tensiones y tratar las enfermedades y dolencias más comunes.

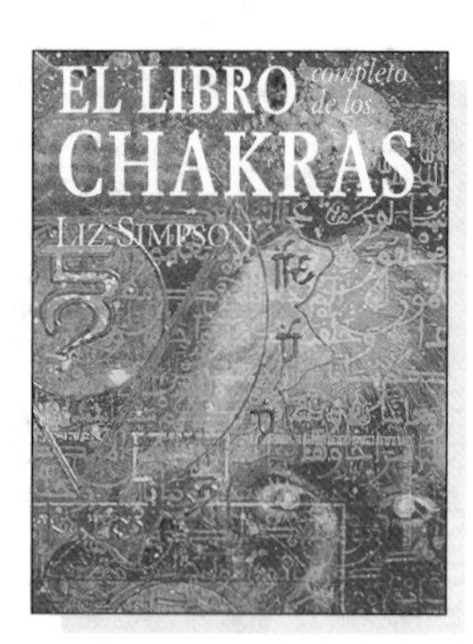


## *EL LIBRO COMPLETO DE LOS CHAKRAS*

LIZ SIMPSON

Una guía completa y accesible que explica múltiples maneras prácticas de trabajar con los chakras para desbloquear y equilibrar su energía. Contiene, además, una amplia información sobre el color, los mitos, los arquetipos y el trabajo con el cuerpo, los cristales, la meditación y las visualizaciones.

## *LAS ENERGÍAS CURATIVAS DEL AGUA*

CHARLIE RYRIE

Una completa y bellísima obra que despliega las inmensas cualidades energéticas y curativas del agua. Enseña las múltiples formas de emplearlas y beneficiarse de su poder, ya sea ingiriéndola, aplicándola, mediante baños o magnetizándola, y sus aplicaciones para sanar un amplio abanico de dolencias.

## *LIBRO COMPLETO DE SHIATSU*

SHIGERU ONODA

De origen japonés, el Shiatsu es una terapia que comparte la filosofía de la Medicina Tradicional China. Cada vez es más popular en todo el mundo por su probada eficacia y su sencillez.

El *Libro completo de Shiatsu* se corresponde fielmente con las enseñanzas del Japan Shiatsu College, reconocido oficialmente por el Ministerio de Sanidad de Japón.